140 SPIELE & ÜBUNGEN ZUM SOZIALEN LERNEN

Persönlichkeit stärken
Empathie schulen
Toleranz fördern

Verlag an der Ruhr

IMPRESSUM

Titel
140 Spiele und Übungen zum Sozialen Lernen
Persönlichkeit stärken – Empathie schulen – Toleranz fördern

Autor
Andreas Krenner

Titelbildmotiv und Kapiteldeckblatt S. 17
© anatoliycherkas – stock.adobe.com

Icons und Illustrationen
soweit nicht anders vermerkt: Johannes Krenner

Gestaltung, Layout und Satz
ebene N, Mülheim an der Ruhr

Druck
Heenemann GmbH & Co. KG, Berlin, DE

Verlag an der Ruhr
Mülheim an der Ruhr
www.verlagruhr.de

Geeignet für die Klassen 1–13

ISBN 978-3-8346-4222-6

INHALTSVERZEICHNIS

VORWORT

Liebe Kollegen[✕]**,**

wir alle werden tagtäglich daran erinnert, wie sehr sich die Gesellschaft wandelt, wie sich die Umgangsformen und der Ton im Klassenzimmer ändern. Wir Lehrer stehen jeden Tag aufs Neue vor der Aufgabe, nicht nur den Lehrstoff an die Schüler zu bringen, sondern auch die Persönlichkeitsentwicklung der jungen Menschen zu unterstützen sowie das Miteinander und den Gemeinschaftssinn zu fördern.

Um Sie dabei zu unterstützen, habe ich nach meinen beiden Spielesammlungen für Schule und Jugendarbeit, die bereits im Verlag an der Ruhr erschienen sind, nun ein weiteres praxisbezogenes Buch mit vielen Übungen, Methoden und Spielen speziell zum Sozialen Lernen zusammengestellt. Diese haben sich im Praxiseinsatz immer wieder bewährt, sie sind schnell und unkompliziert umsetzbar, nur wenige benötigen eine gewisse Vorbereitung. Es geht zusammengefasst um Gewaltprävention, um Menschen- und Herzensbildung, um Selbstwertgefühl und Sozialkompetenz.

Ein besonderer Dank gilt wieder meiner Frau, die mich in meinem Ansinnen, dieses Buch zu schreiben, stets unterstützt hat. Sie war mir auch beim Überarbeiten der Texte, im Sinne der Vereinfachung und des besseren Verständnisses, eine wichtige Hilfe. Weiters möchte ich mich bei meinem Sohn Johannes, der Grafiker und Spieleerfinder ist, für seine grafischen Beiträge bedanken.

Ich wünsche Ihnen und Ihren Schülern viel Erfolg beim Umsetzen dieser Übungen und hoffe, sie sind Ihnen eine wertvolle Unterstützung.

Andreas Krenner

[✕] Aus Gründen der besseren Lesbarkeit haben wir in diesem Buch durchgehend die männliche Form verwendet. Natürlich sind damit auch immer Frauen und Mädchen gemeint, also Lehrerinnen, Schülerinnen etc.

KURZE THEORETISCHE EINLEITUNG

Warum Soziales Lernen?

Schule war neben dem Elternhaus schon immer der Ort, an dem junge Menschen eine Vielfalt an sozialen Lernerfahrungen machen konnten, und wo ihnen Kompetenzen vermittelt wurden. Aufgrund einer zutiefst veränderten Freizeitkultur ist auch das soziale Lernen einem tief greifenden Wandel unterworfen. Die vielen digitalen und medialen Angebote mit oft unkontrolliertem Umgang sowie „Social Media“, wie Facebook, Whatsapp, Instagram, Twitter und Co., haben erwiesenermaßen eine enorme Wirkung auf Kinder und Jugendliche.

Dazu kommt die Tatsache, dass immer mehr junge Menschen aus Familien mit nicht genau definierten Wertvorstellungen, unklaren Regeln und inkonsequentem Erziehungsverhalten in die Schule kommen und in ihren Klassen Schwierigkeiten haben, sich sozial zu orientieren. Die Familienstrukturen haben sich ebenso verändert wie die Lebenswelt der jungen Menschen. Kinder mit alleinerziehenden Müttern und Vätern, Scheidungskinder, Patchwork-Familien, „Schlüsselkinder“ sind keine Ausnahme mehr.

Diese veränderte Lebenswelt bringt eine Vielzahl an Herausforderungen an uns Lehrer mit sich, und dieses Buch will Ihnen Unterstützung im Umgang damit geben. Es richtet sich an Sie – engagierte Lehrkräfte (vor allem jene, die eine Klassenführung innehaben), die das Soziale Lernen aktiv in ihren Unterricht einbauen möchten, denn die positiven Aspekte sind zahlreich:

Soziales Lernen ...

- gibt Einblicke in demokratische Prozesse (z. B. Erarbeiten von Klassenregeln) und verbessert das Einhalten von Abmachungen.
- fördert den Aufbau von Beziehungsfähigkeit.
- baut Vertrauen und Verantwortungsgefühl auf.
- fördert die Fähigkeit, mit anderen Menschen respektvoll, wertschätzend und rücksichtsvoll umzugehen.
- verbessert durch die offene, wertschätzende und freundliche Atmosphäre allgemein das schulische Zusammenleben und bringt somit mehr Freude in das Klassenzimmer.
- fördert die Bereitschaft, andere in ihrer Verschiedenartigkeit zu erkennen, anzunehmen und zu akzeptieren, und leistet somit einen wertvollen Beitrag zum großen Thema Toleranz.
- entwickelt Teamgeist und das Zusammengehörigkeitsgefühl in der Gruppe.
- bedeutet, dass sich alle als Teil des Ganzen sehen (Klasse, Schule oder Gruppe), jeder dazugehört und einen passenden Platz darin findet.

>>

- aktiviert eigene Gefühle und Emotionen und fördert den Erwerb der Fähigkeit, diese auch auszudrücken.
- bringt Erkenntnisse über das Ich, die eigene Identität.
- hilft mit, sich besser wahrzunehmen, und schafft so ein positives Selbstwertgefühl.
- baut Vorurteile ab und hilft mit, Außenseiter einzugliedern.
- wirkt sich förderlich auf das Lernklima aus.
- trainiert die Fähigkeit, Feedback zu geben und Kritik annehmen zu können.
- sensibilisiert die Gruppenmitglieder im Umgang miteinander, wodurch Konflikte früher wahrgenommen, Probleme angegangen und somit Eskalationen vermieden werden können.
- beinhaltet Schlüsselqualifikationen, die heute in unserer Gesellschaft und in der Berufswelt von großer Bedeutung sind (kommunikative Fähigkeiten, Selbst- und Sozialkompetenz, Kooperationsbereitschaft u. a.).
- bereitet die jungen Menschen auf ihr zukünftiges Leben und die sich permanent verändernde Berufswelt und Gesellschaft vor.
- ermöglicht Lernen mit Kopf und Herz und ist zusammengefasst ein wichtiger und wertvoller Baustein für die Persönlichkeitsbildung.

KURZE THEORETISCHE EINLEITUNG

Viele von uns setzen bereits auf Soziales Lernen. In diesen Einheiten haben wir die Möglichkeit, auf das Verhalten der Kinder Einfluss zu nehmen, uns mit brennenden Themen auseinanderzusetzen, Ungerechtigkeiten anzusprechen und im besten Fall zu verhindern. Wir sehen es als unsere Aufgabe an, das Klassenklima zu verbessern, Spaß mit unseren Schülern zu haben, ihnen als Mensch nahe zu sein, sie spüren zu lassen, dass sie und ihre Probleme wichtig sind – kurz gesagt, wir nehmen die Schüler ernst. Idealerweise sollte an allen Schulen während der gesamten Primar- und Sekundarstufe I je eine Stunde pro Schulstufe fix für das Soziale Lernen bereitstehen – als ein Plädoyer für Menschen- und Herzensbildung. Damit diese nicht bei der Klassentür endet, wäre eine Verankerung an der Schule ebenso sinnvoll wie die Einbindung aller Mitglieder der Schulgemeinde – Eltern, Lehrer und Schüler – gleichermaßen. Zudem wäre permanente Öffentlichkeitsarbeit wünschenswert. Die Lehrkräfte der Schule sollten sich einig sein, sie müssen gemeinsam hinter den vereinbarten Regeln und Abmachungen stehen und sich auch für deren Einhaltung verantwortlich fühlen. Diese soziale Grundstimmung würde sich schließlich auch in den Nachmittgas- und außerunterrichtlichen Bereich übertragen – bei gemeinsamen Festen, Wandertagen, Exkursionen, Klassenfahrten, Projekttagen und Schullandwochen.

Da dies aber an den meisten Schulen aktuell (noch) nicht der Fall ist, soll dieser Fundus eine Hilfestellung sein, mit der Sie selbst tätig werden können. Und vielleicht gelingt es Ihnen ja sogar, einen Stein ins Rollen zu bringen und die Kollegen ebenfalls von der Sinnhaftigkeit des Sozialen Lernens zu überzeugen!

HINWEISE ZUR ÜBUNGSSAMMLUNG

Aufbau und Kennzeichen

Das vorliegende Buch bietet eine methodische Sammlung von 140 Übungen und Spielen zum großen Thema „Soziales Lernen“. Was Sie nicht finden werden, ist eine modulare, aufeinander aufbauende Struktur von Übungen zu gewissen Themenbereichen oder Interessensfeldern. Zum einen wird das in anderen Büchern bereits sehr gut gemacht, zum anderen bin ich der Meinung, dass es ganz selten der Fall ist, dass wir uns als Lehrkräfte so strikt an eine fixe Vorgangsweise, an den genauen Ablauf in einer Folge halten wollen. Meist ist es so, dass von Woche zu Woche ganz andere, völlig unterschiedliche Dinge in der Klasse im Vordergrund stehen und daher behandelt werden sollten. Aus diesem Grund habe ich, wie bei meinen beiden anderen Spielesammlungen auch, in diesem Buch die alphabetische Auflistung gewählt und hinten im Index die Übungen, Methoden und Spiele kategorienweise zusammengefasst.

Art der Übungen und Spiele

Sie können daher aus einem reichhaltigen Fundus an Kooperations-, Team-, Bewegungs-, Aufwärm- und Kennenlernspielen ebenso schöpfen wie aus Wahrnehmungs-, Sinnes-, Entspannungs- und Kommunikationsübungen. Außerdem gibt es Unterrichtsmaterialien, Vorschläge und Ideen, wie man Konflikte in der Klasse bearbeiten kann, sowie Übungen zum Aggressionsabbau oder solche zur Förderung der sozialen Kompetenz. Ein paar ausgewählte Spiele und Übungen, die besonders gut zur Thematik passen, stammen aus meinen beiden Spielesammlungen und ergänzen das methodisch-praktische Repertoire.

Auswahl
Sie als Lehrkraft entscheiden, was Ihre Klasse gerade am meisten braucht, welche Inhalte anstehen, welche Themen behandelt werden sollen. Die Kategorien können Ihnen helfen, Übungen und Spiele zu finden, die für den jeweiligen Anlass geeignet sind.

Einfachheit
Es wurde versucht, die Anleitungen und Erklärungen kurz und verständlich zu halten und durch eine einfache Gliederung leicht nachvollziehbar zu machen. Für die meisten Übungen braucht es wenig bis gar keine Vorbereitungszeit, weshalb sie großteils auch spontan durchführbar sind.

Materialbedarf
Dieser beschränkt sich bis auf wenige Ausnahmen auf ein Minimum. Bei einigen braucht man einfache Gegenstände, die für ein Spiel notwendig sind, oder Dinge, die in der Klasse zu finden sind. Nur bei ganz wenigen Übungen bedarf es eines etwas größeren Aufwands und einer intensiven Vorbereitung.

Dauer
Viele der methodischen Übungen sind mit einer Unterrichtsstunde zu 45 Minuten veranschlagt. Die tatsächliche Dauer hängt aber natürlich immer von der Schülergruppe, der Klassengröße, der gruppendynamischen Entwicklung und anderen Faktoren ab. Einige einfache Spiele für zwischendurch dauern oft nur 10 Minuten. Im Praxisteil steht dann neben der Zahl ein Plus. „10 +" heißt daher 10 Minuten und mehr.

Ort und Raum
Prinzipiell genügt in den meisten Fällen ein normaler Klassen- oder Seminarraum. In einigen Fällen (v. a. bei den Kooperations- und Bewegungsspielen) ist das Ausweichen in die Sporthalle oder nach draußen von Vorteil. Darauf wird aber bei der Erklärung explizit hingewiesen.

Alter

Die meisten Übungen sind für Kinder und Jugendliche der Primar- und Sekundarstufe I gedacht. Es liegt aber auch hier wieder am Gespür, an der Auswahl und an der Art der Vermittlung durch die Lehrkraft, was wann und wie passend sein wird.

Teilnehmeranzahl

Die im Praxisteil angegebene Anzahl geht, sofern nicht anders angegeben, von einer normalen Klassengröße mit etwa 25 Personen aus. Ab und zu steht neben der Zahl ein +, z. B. „8 +“, was im konkreten Fall bedeutet, dass für das beschriebene Spiel oder die Übung mindestens acht Teilnehmer notwendig sind.

Kategorien

Für die meisten Spiele treffen mehrere Kategorien zu.
Sie umfassen folgende Themen und Inhalte:

„Just for Fun“

- Bewegung und Aufwärmen
- Spiel und Spaß
- Allerlei

Konflikte

- Konstruktives Verhalten bei Konflikten
- Umgang mit Schwierigkeiten
- Konfliktbearbeitung

Kennenlernen

- Miteinander bekannt werden
- Anfangen
- Vertraut werden

Kooperation

- Gemeinschaft, Team und Miteinander
- Akzeptanz und Toleranz
- Verantwortung

Kommunikation

- Kommunikative Kompetenzen
- Gesprächsregeln
- Argumentieren, diskutieren, zuhören
- Feedback geben

Wahrnehmung

- Vertrauen und Sensibilisierung
- Emotionen und Gefühle
- Sinnes- und Energieübungen
- Entspannung und Aggressionsabbau
- Fremd- und Selbstwahrnehmung
- Körper- und Selbsterfahrung
- Selbstreflexion

Spiel oder Methode?

Eine weitere Unterscheidung, abgesehen von den Kategorien, bilden das große Ⓜ oder Ⓢ jeweils vor dem Namen des jeweiligen Spiels oder der Übung.

Das Ⓜ steht für Methode. Es soll einen Weg aufzeigen, wie man zu einem bestimmten Ziel gelangen kann, und die Art und Weise des Vorgehens beschreiben. Meist handelt es sich um methodische Übungen und Aufgaben, die darauf abzielen, sich etwas anzueignen, Können zu erwerben oder etwas zu erfahren.

Das Ⓢ steht für Spiel. Dies trifft auf Tätigkeiten ohne bewussten Zweck, zur Entspannung und Freude zu. Das Besondere stellt natürlich die Beschäftigung in der Gemeinschaft dar. Die spielerisch-praktischen Übungen und Aufgaben zielen meist ebenfalls auf einen Erfahrungserwerb oder den Gewinn von Erkenntnis ab.

Trotz dieser Differenzierung ist es oft nicht ganz einfach, eine genaue Unterscheidung zu machen, welche der vorgestellten Aufgaben nur Methode oder nur Spiel sind. Oft beginnen sie mit einem Spiel und gehen dann in eine Reflexion oder eine weiterführende Tätigkeit über. Deshalb wurde versucht, die Unterteilung insofern zu finden, als dass der überwiegende Teil ausschlaggebend war.

Bei ganz wenigen Fällen gibt es das nicht, weshalb sowohl ein Ⓜ als auch ein Ⓢ bei der Übung zu sehen ist.

Auch im Index und in den tabellarischen Ansichten am Ende des Buches wurde die Unterscheidung zur besseren Orientierung sichtbar gemacht.

Tipps für Lehrkräfte

Gruppen, die gut miteinander arbeiten und spielen können, zeichnet meist eine gute Klassengemeinschaft und eine sozial angenehme Atmosphäre aus.

- Es muss uns als Lehrkräften im „Sozialen Lernen" gelingen, die Kinder und Jugendlichen zum Mitdenken, zum Mitfühlen anzuregen, Sprach- und Diskussionsmöglichkeiten zu kreieren. Je mehr wir sie in diesem Bereich fördern und fordern, desto besser.
- Jede Klasse braucht eigene Regeln und Abmachungen, denn jede Gruppe ist anders. Es bedarf unterschiedlicher Zielsetzungen und Schwerpunkte aufgrund der andersgearteten Beschaffenheit und Struktur des sozialen Systems. Es gibt demnach kein fixes Konzept, sondern es muss individuell darauf abgestimmt und erarbeitet werden.
- Es braucht oft viel Zeit, ein großes Maß an Geduld und Flexibilität, bis sich aus vielen einzelnen Wesen und unterschiedlichsten Persönlichkeiten eine echte Gruppe mit Regeln und gemeinsamen Zielen entwickelt.
- Nicht alles ist lösbar! Manchmal gibt es Konstellationen in der Klasse, die es den Lehrkräften trotz enormer Anstrengung schwer bis unmöglich machen, Fortschritte erkennen zu können. Nicht immer stellt sich der „Lohn" sofort ein, in manchen Klassen scheint er komplett auszubleiben. Nicht aufgeben, sondern weiterkämpfen ist die Devise! Man muss möglichst viele „Bausteine" anbieten, die soziales Lernen ermöglichen und mithelfen, Konflikte abzubauen und das Klassenklima zu verbessern. Je mehr angeboten wird, desto größer ist die Wahrscheinlichkeit, dass etwas davon greifen kann.
- Wählen Sie die Übungen, die Methoden oder die Spiele aus, die Ihrer Meinung nach am besten auf die Bedürfnisse der Schüler passen. Anlass und Ziel können von Stunde zu Stunde unterschiedlich sein.
- Haben Sie Mut zu Neuem! Nur was Sie ausprobiert haben, kann auch reflektiert werden. Vergessen Sie Sätze wie „Das geht in der Klasse

nicht!". Machen Sie sicherheitshalber den Versuch und urteilen Sie dann. Geben Sie den Schülern die Chance, etwas Neues ausprobieren zu dürfen. Kündigen Sie das dementsprechend vorher an.

- Sollte eine Übung einmal tatsächlich danebengehen oder einen vermeintlich negativen Verlauf nehmen, spricht nichts dagegen, sie abzubrechen und etwas anderes anzubieten.

- Lassen Sie Ihrer Gruppe Zeit bei Kooperationsaufgaben. Greifen Sie nicht sofort helfend oder regulierend ein. Manchmal ist es durchaus sinnvoll, wenn die Schüler einmal bei einer Übung scheitern. Vielleicht klappt es beim nächsten Mal umso schneller. Vertrauen Sie dabei einfach auf Ihr pädagogisches Gespür.

- Bieten Sie den Schülern entsprechende Herausforderungen an, die aber machbar sind. Jede „Challenge", die die Gruppe gemeinsam geschafft hat, schweißt die Klasse zusammen und wird sie positiv motivieren, auch weiterhin mitzumachen.

- Lassen Sie sich nicht von anderen Kollegen verunsichern, wenn Sie einmal etwas Neues ausprobiert haben, das in der Schule für Gesprächsstoff sorgt. Kooperationsspiele, „Psycho-Spiele" oder einfach lustige Übungen, die scheinbar mit Unterricht nichts zu tun haben, all das wird Ihnen im Normalfall von den Kindern und Jugendlichen gedankt werden. Zudem kann diese soziale Bildung mithelfen, konstruktives Unterrichten besser zu ermöglichen.

- Eine Reflexion oder Auswertung am Ende jeder Einheit oder Unterrichtsstunde, sei sie auch noch so kurz, ist anzuraten. Nehmen Sie sich ein paar Minuten Zeit, das Gesehene, Gespürte, Gemeinschaftliche zu besprechen.

- Als oberste Maxime sollte gelten, dass alle – wenigstens in diesen Stunden – auf einem sozial einigermaßen gleichen Level sind. Zumindest beim Spiel, bei Übungen im Sozialen Lernen gibt es keine „Underdogs" und keine „Superstars". Es ist die Aufgabe der Lehrkraft und liegt in deren Verantwortung, dies immer wieder zu thematisieren. Wir müssen appellieren, vorzeigen, vorleben, loben, ermutigen, Zivilcourage fordern … – Mensch sein – mit all unseren Ecken und Kanten!

PRAXISTEIL

Ⓜ ALLE HÄNGEN ZUSAMMEN

Kategorie:

Material: abhängig vom gewünschten Ergebnis (s. Punkt 2): z. B. je Schüler DIN-A5-Blätter oder DIN-A4-Kopien von Puzzleteilen bzw. ein großes Flipchart-Blatt, Scheren, Farbstifte, Klebstoff, ein großes Plakat

Dauer: 45 Min.

Teilnehmer: ganze Klasse / Schülergruppe

So geht's:

Neu zusammengewürfelte Schülergruppen, wie z. B. eine 5. Klasse, sollen gemeinsam ein Werk schaffen, das ihre Gemeinschaft und ihre Verbundenheit miteinander auch optisch zeigt.

1. Stellen Sie ein großes Plakat zur Verfügung.

2. Lassen Sie Ihre Schüler entscheiden, in welcher Form sie die Gemeinschaft grafisch zu Papier bringen wollen. Möglichkeiten, die sich anbieten, sind z. B.:

- Kopieren Sie für jeden Schüler ein Puzzleteil auf die Größe eines A4-Blatts. Diese werden von allen individuell gestaltet, ausgeschnitten und zu einem zusammenhängenden Puzzle aufgeklebt.
- Jeder Schüler zeichnet seine Hand mit den fünf Fingern auf ein A5-Blatt. Die Hände werden nach Lust und Laune bemalt, ausgeschnitten und dann auf ein Plakat geklebt.
- Alle Schüler schreiben ihre Vornamen nach Kreuzworträtselart auf das große Plakat, sodass alle verbunden sind.
- Weitere Ideen: die Schülernamen als Strahlen der Sonne, Sterne am Himmel etc.

3. Nach der gemeinsamen Entscheidungsfindung wird das Plakat, wie oben beschrieben, gestaltet und schließlich an die Tür geklebt. Somit wird ersichtlich, dass zwar alle verschieden sind, es sich aber trotzdem um eine Einheit handelt.

S AUF DIE DECKE, FERTIG, ...

Kategorie: ☺

Material: ein großes Tuch oder eine Decke, evtl. Augenbinde

Dauer: 15 Min. +

Teilnehmer: 11 +

So geht's:

Für diese Übung, die ein bisschen Mut erfordert, bietet sich die Sporthalle oder eine ebene Fläche im Freien an.

1. Suchen Sie sich einen Freiwilligen, der eine kurze Strecke mit verbundenen Augen zurücklegen soll. Für diesen Zweck erhält er später eine Augenbinde bzw. schließt einfach die Augen und stellt sich an den zuvor festgelegten Ausgangspunkt.
2. Die anderen Mitspieler bilden eine sechs bis zehn Meter lange Gasse, indem sie sich in zwei Reihen gegenüber aufstellen und etwa drei bis vier Meter Platz zwischen den beiden Reihen lassen.
3. Am anderen Ende der Gasse stehen zwei Teilnehmer, die eine Decke hochhalten und das „Ziel" definieren.
4. Auf Kommando läuft nun der Spieler mit den verbundenen Augen los, sein kurzer Lauf wird durch die Decke abgestoppt.
5. Sollte es tatsächlich vorkommen, dass der Läufer nicht die optimale Richtung einschlägt, können die Schüler in der Gasse ihn wieder auf den rechten Weg bringen. Die beiden Deckenhalter sollten darauf achten, dass der Läufer in der Mitte der Decke ankommt, und sich entsprechend positionieren.

Je nach Lust und Laune, nach Mut und nach positiv erlebten Versuchen kann die Distanz vergrößert werden bzw. kann der Läufer das Tempo erhöhen.

S AUF DÜNNEM EIS

Kategorie:
Material: ein Stofftier, 2 Matten
Dauer: 45 Min.
Teilnehmer: ganze Klasse / Schülergruppe

So geht's:
Bei dieser Übung, die in der Sporthalle durchgeführt werden sollte, handelt es sich um eine Kooperationsübung für die ganze Klasse.

1. Erklären Sie Ihren Schülern folgendes Szenario: Es ist Winter und alle befinden sich am Ufer eines zugefrorenen Sees. Diese Stelle wird durch zwei Matten, die in einer Ecke der Sporthalle liegen, gekennzeichnet. Weit entfernt, in der gegenüberliegenden Ecke, befindet sich ein verletztes Tier (z. B. ein Stoffhund o. Ä.), das von der Gruppe gerettet werden muss.
2. Gerettet wird das Tier nur dann, wenn folgende Vorgaben erfüllt sind: Zu Beginn versammeln sich alle Mitspieler auf den beiden Matten. Während der Rettung muss immer mindestens ein Gruppenmitglied mit beiden Füßen auf einer der Matten bleiben. Alle, die die Matte verlassen, müssen mit mindestens einer anderen Person Kontakt halten und mindestens ein Teilnehmer muss immer in Kontakt mit der Person auf der Matte bleiben. Ist das während der Aufgabe einmal nicht der Fall, müssen alle wieder zurück auf die Matten.
3. Bevor es losgeht, teilen Sie die Klasse in Kleingruppen auf. Diese sollen überlegen, wie man es in der Großgruppe anstellen kann, das Tier zu retten. Danach kommen alle wieder zusammen und diskutieren ihre Vorschläge. Die Schüler einigen sich auf eine Reihenfolge, in der die Lösungsmöglichkeiten ausprobiert werden, und los geht's!
4. Geben Sie keine Hilfen! Meist werden die Schüler zuerst versuchen, im Stehen zu dem Tier zu gelangen. Die beste Lösung aber besteht darin, dass sich alle auf den Boden legen und mit ausgestreckten Armen die Knöchel der vorderen Person fassen.

S

Aufstellen mit Augenbinden

Kategorie:

Material: je Schüler Schal oder Augenbinde

Dauer: 10 Min. +

Teilnehmer: ganze Klasse / Schülergruppe

So geht's:

Diese Art des Sortierens fördert die Kooperation und sensibilisiert die Schüler im Umgang miteinander.

1. Verbinden Sie allen Schülern die Augen. Stellen Sie Ihnen erst danach folgende Aufgabe: Die Gruppe soll sich nach den Anfangsbuchstaben ihrer Vornamen sortieren, wobei Sie vorher festlegen, wo der Anfang der Reihe sein soll und wo das Ende. Außerdem sollen sich alle an den Händen halten.
2. Die Teilnehmer müssen also ihre Namen sagen, sich gegenseitig helfen und versuchen, die geforderte Formation einzunehmen. Sind alle in die Reihe integriert, können sie selbst noch einen Check machen.

„Sehende" **Variante**: Alle Stühle der Teilnehmer werden in einer Reihe bzw. im Kreis aufgestellt. Jeder Schüler steigt auf seinen Stuhl. Dann stellen Sie ebenfalls die Aufgabe, dass sich alle nach dem Alphabet anordnen. Dabei müssen sich die Schüler aneinander vorbei bewegen, sich gegenseitig halten und helfen, damit niemand hinunterfällt. Sie müssen sich also sehr kooperativ verhalten, um die Aufgabe zu bewältigen.

Ⓜ AUßENSEITER EINGLIEDERN

Kategorie: 

Material: keines

Dauer: 45 Min.

Teilnehmer: ganze Klasse / Schülergruppe

So geht's:

Die folgende Übung hilft dabei, Verständnis für einen Außenseiter aufzubringen, Empathie herzustellen und diese Person wieder in die Gemeinschaft einzugliedern.

1. Vorweg sollte man mit der Gruppe die Übung „Ist da jemand" (S. 80) durchführen. Es liegt an Ihnen, die Gruppe zu sensibilisieren und Ernsthaftigkeit und Bereitschaft für den Prozess einzufordern.
2. Die Klasse versammelt sich im Stuhlkreis.
3. Jeder Schüler überlegt sich eine Aussage in Ich-Form, wie er glaubt, dass sich A fühlt und es ihm geht, z. B.: „Ich, A (Name nennen), fühle mich ausgeschlossen." oder „Niemand will mit mir spielen!"
4. A stellt sich nun hinter den Stuhl des links neben ihm sitzenden Schülers und hört sich dessen Satz an. Dann geht er im Uhrzeigersinn weiter. Man muss nicht zwangsweise alle zu Wort kommen lassen, sondern kann schon nach einigen Teilnehmern unterbrechen. Dies obliegt Ihrem Gespür und der Befindlichkeit des betreffenden Schülers.
5. Nach jedem ausgesprochenen Satz spiegelt A durch eine vorher definierte Skala (z. B. 1–10) zurück, ob die Aussage für ihn ganz, teilweise oder nicht zutreffend war.
6. A wird nun gefragt, wie es ihm geht. Spätestens jetzt wird die Betroffenheit vieler anderer spürbar – ein wichtiger Schritt für die weitere Arbeit, deren Fokus auf der Wiedereingliederung in die Gruppe liegt.

Im Anschluss bietet sich die Übung „Du gehörst dazu!" (S. 48) an.

S BABYFOTOS

Kategorie:

Material: je Schüler ein eigenes Babyfoto, Stift und DIN-A4-Blatt, Tafel oder Pinnwand

Dauer: 45 Min.

Teilnehmer: ganze Klasse / Schülergruppe

So geht's:

Diese Kennenlernübung der etwas anderen Art wird garantiert für viel Spaß sorgen! Schließlich geht es darum, die Babyfotos der anderen Teilnehmer richtig zuzuordnen.

1. Alle Schüler lassen Ihnen in den Tagen vor der Unterrichtseinheit ein Babyfoto (max. Alter 1½ Jahre) zukommen.
2. Zu Beginn der Übung werden die Fotos auf der Tafel oder einer Pinnwand angebracht, alternativ auch in der ganzen Klasse verteilt. Jedes Foto erhält eine Nummer.
3. Alle Schüler sehen sich die Fotos an und raten nun, wer wer ist. Dazu notieren sie auf ihrem A4-Blatt neben einer Zahl den Namen des vermeintlichen Klassenkameraden.
4. In der Auswertungsphase fragen Sie, wer auf den einzelnen Fotos zu sehen sein könnte. Noch interessanter ist es aber, wenn man daraus eine Art Wettspiel macht. Dazu tauschen die Schüler ihre ausgefüllten A4-Blätter aus, sodass ein Schwindeln ausgeschlossen ist. Beim Vergleichen gibt es jeweils einen Punkt für einen erratenen Namen.
5. Am Ende könnten im Stuhlkreis lustige oder persönliche Geschichten aus der Kleinkindphase ausgetauscht werden.

S BAUER, ZIEGE, KOHLKOPF UND WOLF

Kategorie:

Material: je Gruppe ein Blatt Papier und ein Stift

Dauer: 15 Min. +

Teilnehmer: ganze Klasse / Schülergruppe

So geht's:

Dieses witzige und etwas anspruchsvollere Denkrätsel für Gruppen wird bestimmt großen Anklang finden.

1. Teilen Sie die Schüler in Gruppen mit drei bis fünf Mitgliedern ein.
2. Stellen Sie die Herausforderung als Gruppen-Challenge vor: Ein Bauer soll eine Ziege, einen Wolf und einen Kohlkopf über den Fluss bringen. Für diesen Zweck steht ein kleines Ruderboot zur Verfügung, in dem aber nur Platz für ihn und eines der Tiere bzw. den Kohlkopf ist. Somit steht er vor einem Problem: Der Bauer muss darauf achten, dass er den Wolf nicht mit der Ziege allein lässt, da dieser sie sofort fressen würde. Gleiches gilt für die Ziege, die nicht mit dem Kohlkopf allein bleiben darf! Dem Bauer bleibt also nichts anderes übrig, als mehrmals hin- und herzufahren. Aber wen fährt er zuerst? Wie muss er die Überfahrten gestalten, damit sowohl die Tiere als auch der Kohlkopf unbeschadet am anderen Ufer ankommen?
3. Die Gruppen sollen nun versuchen, die richtige Lösung herauszufinden. Zu diesem Zweck können sie auf dem Blatt Papier Notizen machen. Falls gewünscht, dürfen sie natürlich auch gerne einfache Hilfsmittel wie z. B. Zeichnungen von Boot, Bauer, Ziege, Wolf und Kohlkopf anfertigen und damit experimentieren.

Lösung: Wolf und Kohl kann der Bauer jederzeit unbeaufsichtigt lassen. Er bringt also zuerst die Ziege ans andere Ufer. Er lädt sie aus und rudert allein wieder zurück. Danach nimmt er entweder den Kohlkopf oder den Wolf mit ans andere Ufer und bringt die Ziege wieder zurück. Diese lädt er aus und transportiert Kohl oder Wolf ans andere Ufer. Schließlich rudert er zurück und holt die Ziege.

S BAUMEISTER UND IMITATOR

Kategorie:

Material: etliche Bau-, Lego- oder Duplosteine

Dauer: 15 Min. +

Teilnehmer: 6 +

So geht's:
Bei dieser Übung soll erkannt werden, dass bestimmte Aufgaben ohne Kommunikation einfach schwerer zu erledigen sind!

1. Teilen Sie die Schüler in 2er-Gruppen ein. Die jeweiligen Partner erhalten eine bestimmte Anzahl gleicher Bausteine.
2. Nun wird bestimmt, wer der Baumeister und wer der Nachbauer ist. Die Schüler wenden sich gegenseitig den Rücken zu.
3. Zuerst baut der Baumeister seine Steine zusammen. Dann beschreibt er sein Modell ganz exakt, denn schließlich soll es der Nachbauer schaffen, das Original durch genaues Zuhören zu kopieren. Dabei darf der Nachbauer dem Baumeister keine Rückfragen stellen.
4. Am Ende werden Original und Kopie verglichen. Dabei ist auch Gelegenheit für eine Reflexionsphase: Hätten die Nachbauer gerne Fragen gestellt? War es immer möglich, den Anweisungen des Baumeisters zu folgen?

Variante: In einer zweiten Runde sind Rückfragen gestattet. Dies ist auch ein guter Aufhänger, um zum Thema Kommunikationsprobleme zu diskutieren.

M

BERUHIGE DICH

Kategorie:  

Material: keines

Dauer: 45 Min.

Teilnehmer: ganze Klasse / Schülergruppe

So geht's:
Hier gilt es, Strategien und Möglichkeiten zu entwickeln, sich selbst oder andere in brisanten Situationen zu beruhigen.

1. Fordern Sie die Schüler auf, darüber nachzudenken, woran sie bemerken, dass sie aufgeregt oder nervös sind.
2. In der Diskussion sollen dann die typischen Anspannungsmerkmale aufgelistet werden. Mögliche Antworten sind z. B. beschleunigte Atmung, kein klares Denken, das Herz klopft wie verrückt, die Gedanken drehen sich im Kreis, man beginnt, zu schwitzen etc.
3. Als nächster logischer Schritt folgt die Frage an die Teilnehmer, was man in solchen Situationen machen könnte, um sich zu beruhigen. Welche Maßnahmen könnten einem selbst guttun oder anderen (Schwester, Bruder, Freund) helfen, wieder ruhiger zu werden?
4. Im weiteren Verlauf werden Vorschläge wie diese aufgezählt:
   durchatmen, kurz weggehen, Gesicht kalt waschen,
   Musik hören, Sportübungen machen, leise bis zehn zählen,
   sich selbst vorsagen: Stopp – atmen – beruhigen
5. Die Schüler sollen erkennen, dass es viele Möglichkeiten gibt, sich zu beruhigen, und jede Person diejenige wählen muss, die zu ihr passt oder Erfolg versprechend scheint.
6. In der Reflexionsrunde kann auch besprochen werden, welche Rolle die Sprache in einem beruhigenden Gespräch spielt (Stimmlage, Sprechtempo, Tonfall) und worauf noch zu achten ist.
7. Eine mögliche Erweiterung wären kurze Rollenspiele, in denen die oben genannten Dinge in der Praxis ausprobiert werden könnten.

M BESUCH DER WUNSCHFEE

Kategorie: 

Material: je Schüler ein DIN-A6-Blatt bzw. größere Klebezettel, Stifte

Dauer: 45 Min.

Teilnehmer: ganze Klasse / Schülergruppe

So geht's:

Diese Übung stellt eine Möglichkeit dar, Konflikte in der Klasse mit einem positiveren Zugang zu lösen.

1. Bitten Sie die Schüler, sich vorzustellen, dass eine Fee in die Schule käme. Sie würde jedem Schüler einen Wunsch erfüllen, aber keinen, der etwas mit Geld, mit realen Gegenständen oder wertvollen Dingen zu tun hat. Fragen wie diese könnten einleitend gestellt werden:
   - Was würdest du dir wünschen, was sich in der Klasse ändern sollte?
   - Gibt es einen bestimmten Wunsch an einen Mitschüler?
   - Worüber würdest du dich freuen, wenn es morgen anders wäre?
2. Jeder Schüler denkt über diesen Wunsch nach und schreibt den Satz auf das zuvor ausgeteilte DIN-A6-Blatt oder den Klebezettel.
3. Im Anschluss können Sie diese einsammeln und vorlesen. Besser wäre es aber, wenn die Teilnehmer selbst ihre Wünsche vor den anderen formulieren. Allein dadurch, dass sie in einem geschützten Rahmen und einer wertschätzenden Atmosphäre vorgetragen werden können, wird manchen konfliktträchtigen Aussagen etwas an Schärfe genommen.
4. Nach einer kurzen Diskussion über das Gehörte clustern Sie die einzelnen Beiträge an der Tafel. Anschließend wird die Klasse mit den gesammelten Ergebnissen konfrontiert und die gröbsten Probleme oder Konflikte werden herausgefiltert. Schlussendlich kann man daran gehen, gemeinsam mögliche Lösungen dafür zu suchen.

Ⓜ BILDER MEINER STIMMUNG

Kategorie: ♡

Material: je Schüler ein großes Zeichenblatt, Zeichenmaterial (Blei-, Bunt- oder Filzstifte), Entspannungsmusik, Abspielgerät

Dauer: 45 Min.

Teilnehmer: ganze Klasse / Schülergruppe

So geht's:

In dieser Übung wird der Versuch unternommen, eigene Emotionen bildlich umzusetzen. So werden Gefühle, wie Angst, Trauer, Freude und Glück, thematisiert.

1. Knüpfen Sie an eine Situation an, in der über Gefühle gesprochen wurde.
2. Leiten Sie dann auf Emotionen über, die jeder Schüler kennt und hat: Angst und Trauer, Freude und Glück.
3. Die Schüler teilen ihr Zeichenblatt durch eine senkrechte und eine waagerechte Linie in vier Abschnitte. Am besten ist es, dies auf der Tafel vorzumachen.
4. In jedem der vier Teile sollen sie nun eine Emotion zu Papier bringen, indem sie ein Bild eines Erlebnisses oder eine dazu passende Assoziation zeichnen.
5. Solche Fragen können ein Anstoß für die Ideenfindung sein:
   - Links oben: „Wovor hast du am meisten Angst?"
   - Rechts oben: „Da war ich wirklich traurig."
   - Links unten: „Darüber habe ich mich extrem gefreut."
   - Rechts unten: „Da hatte ich Glück."
6. Dann können die Schüler, am besten zu leiser Entspannungsmusik, alles zeichnen, was ihnen zu den vier Begriffen bzw. Fragestellungen in den Sinn kommt.
7. Am Ende der Stunde oder am Anfang der nächsten gibt es in einer Reflexionsphase die Möglichkeit zum Austausch und zum Diskutieren.

Ⓜ BLEIB WACHSAM

Kategorie: 

Material: unterschiedliche Tages- und Wochenzeitungen, Scheren und Klebstoff, mind. 10 DIN-A2-Plakate

Dauer: 45 Min.

Teilnehmer: ganze Klasse / Schülergruppe

So geht's:
In dieser Einheit geht es um eine einfache Untersuchung über den Anteil von Aggression und Gewalt in den Medien im Gegensatz zur positiven Berichterstattung.

1. Klären Sie zu Beginn der Stunde den Begriff Aggression mit all den verwandten Wörtern, wie Krieg, Gewalt, Feindschaft, Angriff, Konflikt, Wut usw. Dann fordern Sie Ihre Schüler auf, gegenteilige Ausdrücke zu finden, wie z. B. Friede, Harmonie, Liebe, Einigkeit, Eintracht, Versöhnung etc.
2. Danach teilen Sie die Schüler in 3er- oder 4er-Gruppen ein. Jede Gruppe erhält Zeitschriften und Wochenmagazine unterschiedlichster Art und dazu jeweils zwei Plakate.
3. Beim ersten Auftrag sollen sie all jene Fotos und Überschriften suchen und ausschneiden, die mit politischer, gesellschaftlicher und persönlicher Aggression zu tun haben, und diese auf ein Plakat kleben.
4. Der zweite Auftrag betrifft die Suche nach nicht aggressiven Sprüchen, Texten und Fotos, also der positiven Berichterstattung. Auch diese werden auf ein eigenes Plakat geklebt.
5. Aufgrund des Ungleichgewichts in der Berichterstattung wird sich eine gute Diskussion ergeben. Eine Erkenntnis ist, dass sich schlechte Nachrichten wesentlich besser verkaufen als gute. Im Prinzip geht es aber auch darum, den Schülern zu vermitteln, dass sie wachsam sein sollen gegenüber jeglicher Manipulation von außen, im speziellen Fall eben durch die teils bewusste mediale Beeinflussung bei bestimmten Themen.

Ⓜ DANKE SCHÖN

Kategorie: ♡
Material: keines
Dauer: 10 Min. +
Teilnehmer: ganze Klasse / Schülergruppe

So geht's:
Durch diese Aufgabe kann es gelingen, das Zusammenwirken von Stimme, Mimik und Gestik in der Kommunikation mit einfachsten Mitteln zu erfahren.

1. Teilen Sie Ihre Schüler in 2er-Gruppen ein. Eine Person übernimmt die Sprechrolle A, die andere Sprechrolle B.
2. Schreiben Sie folgenden Text an die Tafel oder stellen Sie ihn mit dem Beamer zur Verfügung.

   A: „Das ist für dich." B: „Das ist für mich? Wirklich?"

   A: „Ja!" B: „Danke schön."
3. Dieses kurze Gespräch kann nun von ein oder zwei Gruppen exemplarisch vorgetragen werden.
4. Als Nächstes geben Sie jedem Paar eine Vorgabe, wie sie jeweils den Dialog wiedergeben sollen. Beispiele dafür wären: schüchtern, aggressiv, sehr positiv/negativ, vorsichtig, traurig, abschätzig, verliebt usw.
5. Die Dialoge werden kurz mit diesem neuen Input geprobt und dann vor der Klasse „aufgeführt". – Was hat sich geändert?
6. Schließlich können Sie die Übung noch insofern erweitern, dass den Paaren gegensätzliche Eigenschaften und Attribute zugewiesen werden. So könnte sich A aggressiv verhalten und B unterwürfig. Himmelhochjauchzend / zu Tode betrübt, schüchtern / selbstbewusst, verliebt / abgeneigt usw.
7. Durch diese Erweiterung kann über die Haltung, über den Status von Personen diskutiert werden. Wie haben sich Stimme, Körperhaltung, Gestik und Mimik der beiden Personen im Gespräch voneinander unterschieden?

S DAS KOPIERTE DENKMAL

Kategorie: ♡

Material: keines, evtl. Augenbinden

Dauer: 10 Min. +

Teilnehmer: 8 +

So geht's:
Die Aufgabe besteht darin, eine menschliche Statue mit geschlossenen Augen zu kopieren, um ein möglichst identisches Ebenbild zu formen. Stellen Sie vor Spielbeginn sicher, dass alle Teilnehmer mit der gegenseitigen Berührung einverstanden sind.

1. Teilen Sie die Gruppe in 2er-Teams ein.
2. Einer der beiden schließt die Augen. Der andere überlegt sich eine Pose und stellt sie dann als Statue dar.
3. Der Partner tastet das Denkmal vorsichtig ab und versucht, es möglichst genau zu kopieren.
4. Im Anschluss öffnet der Kopist seine Augen und Original und Kopie können miteinander verglichen werden.

Ⓜ DER ERSTE STEIN

Kategorie: 

Material: keines

Dauer: 45 Min.

Teilnehmer: ganze Klasse / Schülergruppe

So geht's:

Bei dieser methodischen Übung für Schüler ab der Sekundarstufe I geht es darum, Überlegungen anzustellen, wie ein Konflikt entstanden sein könnte.

1. Teilen Sie die Schüler in 3er- oder 4er-Gruppen ein. Konfrontieren Sie die Schüler mit folgender Situation: „Du gehst am Abend nach dem Volleyballtraining aus der Sporthalle der Schule. Plötzlich bemerkst du einen Jugendlichen, der einen Stein in der Hand hält und auf ein Fenster einer Klasse zielt. Als er dich kommen sieht, läuft er weg."
2. Die Gruppen sollen nun Überlegungen anstellen, aus welchem Grund der Jugendliche das machen wollte. Sie sollen sich also eine plausible Geschichte für das Vorher ausdenken, wie es zu dieser Situation kommen konnte, welche Beweggründe er haben könnte. Diese Vorgeschichten werden stichwortartig aufgeschrieben und dann im Plenum präsentiert. Spannender und intensiver wird das Ganze noch, wenn die Kleingruppen den anderen ihre Geschichten vorspielen.
3. In einer Reflexions- und Auswertungsphase kann dann u. a. über folgende Fragen diskutiert werden:
   - Wie schwer oder leicht war es, die Geschichte vorher zu (er)finden?
   - Welche Auswirkungen hätte der Steinwurf haben können?
   - Konnte die Gruppe für den Jugendlichen Verständnis aufbringen?
   - Wie hätte man das Problem schon im Vorfeld lösen können?

S DER LAUTE LUFTBALLON

Kategorie: ♡

Material: ein Luftballon

Dauer: 5 Min. +

Teilnehmer: ganze Klasse / Schülergruppe

So geht's:

Diese schnelle und aktivierende Übung dient zum Abreagieren, aber auch zum Verdeutlichen der unterschiedlichen Wirkung von Lärm und Stille.

1. Werfen Sie einen Luftballon in die Höhe.
2. Solange sich dieser in der Luft befindet und langsam zu Boden schwebt, dürfen alle Schüler schreien und toben.
3. Sobald der Ballon aber den Boden berührt, muss sofort absolute Stille einkehren und alle Schüler müssen an ihrem Platz sitzen.

Ⓜ DER SCHATZ IN DIR (FANTASIEREISE)

Kategorie: ♡
Material: evtl. Entspannungsmusik und Abspielgerät
Dauer: 15 Min. +
Teilnehmer: ganze Klasse / Schülergruppe

So geht's:
Schüler lieben Entspannungsübungen, wie z. B. Fantasiereisen, bei denen sie sich an Orte begeben, an denen man sich wohlfühlt. Als Gegenpol zu permanenten Anspannungsphasen sind sie ein wichtiger Beitrag zur Stressreduktion. Man kann sie natürlich in der Klasse durchführen, aber noch besser eignet sich die Sporthalle, wo sich alle einen gemütlichen Platz auf Gymnastikmatten suchen.

1. Am besten ist es, mit ganz kurzen Entspannungsübungen und nicht zu langen Fantasiereisen zu beginnen, damit sich die Schüler an diese noch ungewohnte Situation herantasten können. Wenn das geschehen ist, können sie sich auch auf längere Geschichten einlassen.
2. Natürlich kann man auch fertige Fantasiereisen auf CDs verwenden, aber es ist durchaus nett, wenn Sie selbst – evtl. mit leiser Entspannungsmusik im Hintergrund – mit möglichst ruhiger und natürlicher Stimme sprechen. Begonnen wird erst dann, wenn Ruhe eingetreten ist. Es empfiehlt sich, langsam zu lesen oder zu sprechen und hin und wieder – abhängig vom Text – Pausen einzubauen.
3. Fantasiereisen sind meist in drei Teile gegliedert: Einleitung oder Einführung, Hauptteil und Rücknahme oder Rückführung.
4. Nachdem die Fantasiereise beendet wurde und alle wieder im Hier und Jetzt angelangt sind, bietet sich eine kurze Reflexionsphase an, in der Erfahrungen ausgetauscht werden.
5. In einer weiteren – am besten anschließenden – Stunde könnten die Schüler all das malen und zeichnen, was sie gesehen haben: den Strand, die Schatztruhe von außen, den Schatz im Inneren usw.

Ⓜ DER SCHATZ IN DIR (FANTASIEREISE)

Einleitung:

Setze dich aufrecht hin, beide Füße stehen flach auf dem Boden und deine Hände ruhen auf deinen Oberschenkeln. (Klasse)/Lege dich mit dem Rücken auf die Matte, strecke dich aus und lege deine Arme seitlich neben dich. (Sporthalle) – Mache es dir bequem, so bequem wie möglich. – Atme ein paarmal bewusst tief ein und langsam wieder aus. – Schließe deine Augen. – Atme ein und aus, ein und aus. – Du spürst, wie deine Atmung ruhig und gleichmäßig wird. – Gehe nun mit der Aufmerksamkeit zu deinem Körper. – Fühle ihn ganz bewusst. Du wirst ruhiger und ruhiger. – Deine Hände und Arme fühlen sich schwer an. – Dein Nacken, deine Schultern und dein Rücken sind ganz schwer. – Deine Füße und Beine werden schwer. – Spüre deinen Körper und seine Temperatur. – Dein ganzer Körper ist angenehm warm. – Dein Gesicht ist entspannt und gelöst. – ⏸ *(Pause)*

Hauptteil:

Stelle dir vor, du befindest dich an einem verlassenen Strand. – Es ist irgendein Strand, vielleicht bist du schon einmal dort gewesen. – Du bist sicher hier und du kannst ungestört herumschlendern. Gehe in Gedanken diesen Meeresstrand entlang. – Es ist warm, ein wunderschöner Sommertag, achte auf die Farben und Geräusche. – Spürst du die Sonnenstrahlen auf deiner Haut? – Sie spiegeln sich auch auf dem Wasser und lassen es glitzern. – Schaue auf das offene, blaue Meer hinaus und blicke bis zum Horizont. – Kleine Wellen rollen an den Strand und bringen ein paar Muscheln mit. – Du beobachtest dieses Spiel der Wellen einige Zeit. – Höre die Musik des Meeres, das leise Rauschen der Wellen. – Du spürst die angenehme Brise, die über das Meer zieht. – Atme die klare Meeresluft ein. – Ist sie nicht wunderbar frisch und salzig? – Achte nun auf andere Geräusche. – Hörst du außer dem Rauschen noch etwas, das Kreischen der Möwen? – Du spürst den warmen, weichen Sand unter deinen Füßen. Nimm die Energie dieses wunderschönen Moments auf und lasse dir Zeit, ihn aufzusaugen. ⏸ *(Pause) – Schaue dich jetzt genau um und beginne mit deiner Wanderung den Strand entlang. – Während du im feuchten Sand herumgehst, siehst du in einiger Entfernung ein paar Schatten spendende Bäume. – Du beschließt, hinzugehen, um dich dort ein wenig hinzusetzen. – Und so schlenderst du also den Strand entlang und gelangst schließlich zu den Bäumen. – Suche dir irgendeinen Platz, der dir besonders gut gefällt und wo du dich wohlfühlst. – Wenn du ihn gefunden hast, dann setze dich und genieße das Gefühl der Friedlichkeit, das Gefühl, alles loslassen zu können. – Es ist angenehm, hier im Schatten zu sitzen, in absoluter Ruhe, umweht von einer warmen Brise. – Betrachte den blauen Himmel über dir, vielleicht siehst du auch ein paar weiße Wolken in der Ferne und vor dir liegt das blaue, sanft rauschende Meer. – Alle Probleme des Alltags sind weit weg, ganz weit weg, und nichts belastet dich. – Fühle die Ruhe und den Frieden, in dir und um dich herum. – Du genießt es, dich so leicht und frei zu fühlen. Halte inne und speichere dieses angenehme und besondere Gefühl. – ⏸ (Pause) – Plötzlich bemerkst du etwas, das du vorher noch gar nicht gesehen hast. – Ein paar Meter von dir entfernt steht eine hölzerne Kiste. – Am Anfang denkst du, es sei ein Tagtraum, aber dann wird dir klar, dass das alles wirklich ist. – Du wirst neugierig und möchtest wissen, was sich wohl darin verstecken mag. – Also gehst du die paar Schritte hin und betrachtest die Kiste, die mehr und mehr einer Schatztruhe gleicht. – Sie hat ein Schloss auf der Vorderseite, aber es ist offen. – Und so öffnest du die Truhe ganz vorsichtig und langsam. – Der Deckel ist nun so weit offen, dass du hineinschauen kannst. Du blickst in das Innere der Truhe. – Schaue dir genau an, was sich in diesem Versteck verbirgt. – Was ist es? – Vielleicht ist es etwas ganz Besonderes, etwas ganz Wertvolles, das für dich sehr bedeutend ist. – Vielleicht sind es deine Stärken? – Kannst du sie erkennen? Weißt du, worin du gut bist? – Möglicherweise kannst du deine positiven Eigenschaften und Gefühle sehen, erkennst du sie? Oder ist es ein besonderes Talent von dir, das dich einzigartig macht? – Einzigartig in der Familie, in der Klasse, etwas, auf das du zu Recht stolz sein kannst. – Ich bin mir sicher, du findest bestimmt etwas Großartiges von dir in der Kiste. – Betrachte es in aller Ruhe und mit dem nötigen Respekt, aber auch mit Stolz. – Was ist dir etwas wert an dir? – Merke dir, was du gesehen und gespürt hast. – Nachdem du dir alles gut eingeprägt hast, schließt du die Truhe wieder. – Du weißt, dass dir niemand diese Erfahrung nehmen kann. All deine Erinnerungen, der wunderschöne Spaziergang an diesem herrlichen Tag, besonders aber der Inhalt der Schatzkiste bleiben für immer in deinem Kopf. – ⏸ (Pause)*

Ⓜ DER SCHATZ IN DIR (FANTASIEREISE)

Rückführung:

Ganz langsam gehst du wieder zurück zum Strand. – Und wie du so am Meer entlanggehst, umspült von leichten Wellen, weißt du nicht mehr, ob du die Schatztruhe tatsächlich geöffnet hast und ob sie überhaupt da war. – Aber das ist eigentlich egal, denn du weißt, du kannst jederzeit an diesen schönen Ort zurückkehren. – Wann immer du möchtest, kannst du die Kiste aufmachen, zu jeder Tages- und Nachtzeit. – Du kannst wieder und wieder das betrachten, was du gesehen hast: deine Stärken und Talente, die dir niemand wegnehmen kann und auf die du stolz sein kannst. – Denke daran: Du bist einzigartig und ein wertvoller Mensch. – ⏸ ***(Pause)*** *– Du bewegst dich nun wieder zurück zum Anfang deiner Wanderung. – Lasse die Augen noch ein wenig geschlossen. – Spüre aber mehr und mehr wieder in deinen Körper hinein. – Bewege langsam deine Hände, deine Füße und strecke dich ganz durch. Ich werde jetzt langsam von 5 bis 1 zählen und während ich das tue, kommst du mehr und mehr zurück. – Bei der Zahl 1 wirst du dich wach, frisch und erholt fühlen. 5: Bewege dich mehr und mehr / 4: Strecke dich durch / 3: Mache einen tiefen Atemzug / 2: Öffne deine Augen und gewöhne dich wieder an deine Umgebung, an das Licht / 1: Komme jetzt langsam, ganz langsam wieder an jenem Ort an, wo deine Entspannungsreise begonnen hat.*

M S

DER SCHLECHTE TON

Kategorie: ♡

Material: je Schüler ein Stück Zeitung und ein Stück Ton, evtl. entspannende Hintergrundmusik, Abspielgerät

Dauer: 45 Min.

Teilnehmer: ganze Klasse / Schülergruppe

So geht's:

Bei dieser Aufgabe soll ein Konflikt mithilfe eines Tonklumpens dreidimensional dargestellt werden.

1. Alle Teilnehmer decken mit Zeitungspapier ihren Tisch ab und erhalten ein Stück Ton.
2. Der Raum selbst könnte etwas abgedunkelt werden. Sanfte Entspannungsmusik führt dazu, dass in Ruhe gearbeitet werden kann.
3. Die Aufgabe jedes Schülers ist es, aus dem Stück Ton ein Symbol, einen Gegenstand, ein Tier etc. zu formen, das er mit Konflikt und Streit in Verbindung bringt.
4. Nach etwa 20–30 Minuten wird der Raum wieder erhellt und es ist Zeit für eine Vernissage, bei der alle herumgehen und sich die Werke und Formen der anderen ansehen können. Dabei beschreibt jeder nach und nach sein Kunstwerk und erklärt seine Gedankengänge.

S DER UNSICHTBARE WICHTEL

Kategorie:

Material: kleine Zettel, Stifte

Dauer: 45 Min.

Teilnehmer: ganze Klasse / Schülergruppe

So geht's:

Diese etwas andere Form des Wichtelns oder Engerl-Bengerl-Spiels fördert die Entwicklung eines positiven Klassenklimas.

1. Erklären Sie zu Beginn das Prinzip der Aktion und holen Sie das Okay aller ein. Das Spiel muss zeitlich begrenzt sein, z. B. auf die Vorweihnachtszeit oder einen bestimmten Monat.
2. Jeder Teilnehmer zieht einen Zettel, auf dem der Name eines Mitschülers steht. Dieser Person muss man im ausgemachten Zeitraum z. B. 3-mal etwas Gutes tun oder sie mit etwas überraschen.
3. Damit dies funktioniert, geben Sie einige Regeln vor:
   - Auch wenn es schwer ist, darf sich niemand vor Ablauf der Zeit zu erkennen geben.
   - Eventuell ist ein gemeinsames Nachdenken und Sammeln von Ideen in der Klasse von Vorteil, damit die Schüler Möglichkeiten erkennen, wie man anderen durch kleine Aufmerksamkeiten oder selbst gemachte Geschenke eine Freude bereiten kann.
4. Nach Ablauf der vereinbarten Zeit wird in der Reflexionsphase darüber gesprochen, wie das Experiment funktioniert hat. Dabei kann auch ausgemacht werden, ob sich in dieser Phase die unbekannten Wichtel offenbaren oder nicht.
5. Fragen wie folgende können in der Diskussion gestellt werden: Haben alle dichtgehalten? Wie hat die von dir beschenkte Person reagiert? Ist es dir schwergefallen, etwas zu finden, das dem anderen eine Freude macht? Wie hast du es empfunden, mit Aufmerksamkeiten beschenkt zu werden?

Ⓜ DIE FREUNDLICHE GROẞE PAUSE

Kategorie: 

Material: keines

Dauer: große Pause

Teilnehmer: ganze Klasse / Schülergruppe

So geht's:

Die Übung bietet sich als Versuch in jenen Klassen an, in denen viel kritisiert, geschimpft und herumgenörgelt wird. Das Hauptaugenmerk liegt auf einer verbesserten Kommunikation und wie sich diese auf das Klassenklima auswirkt. Weil alle beteiligt sind, fördert die Übung außerdem die Gruppenatmosphäre.

1. Erklären Sie Sinn und Zweck der Übung. Die Klasse soll sich von einem negativen, beleidigenden und niedermachenden Umgangston loslösen und zu einer freundlicheren Form der Kommunikation finden.
2. Legen Sie einen Tag fest, an dem die freundliche große Pause praktiziert wird.
3. Geben Sie folgende Regeln bekannt: Beleidigende, bösartige Worte sind in dieser Pause ebenso wenig erlaubt wie Beschimpfungen oder ausgrenzende Ausdrücke. Stattdessen soll nur Positives und Gutes gesagt werden. Besonders gefragt sind auch kleine Komplimente und Freundlichkeiten aller Art. Dies kann auch Dinge betreffen, die in den Tagen zuvor positiv aufgefallen sind. Beispiele dafür sind:
   - Ich habe mich heute sehr darüber gefreut, als du ...
   - Ich möchte mich bei dir bedanken, weil du ...
   - Besonders nett habe ich gefunden, dass du ...
   - Gestern habe ich beobachtet, dass du ... geholfen hast.
   - Ich fand es toll, als du in der vorigen Stunde ...
4. Ausgesprochen wichtig ist hier eine Reflexionsphase. Vielleicht haben die Schüler der Klasse bemerkt, wie sich die veränderte Kommunikation auf das Klima und die Atmosphäre auswirken.

S DIE PAPIERENE BASIS

Kategorie:

Material: je Gruppe ein Ziegelstein, 4 DIN-A4-Blätter und eine Schere

Dauer: 45 Min.

Teilnehmer: ganze Klasse / Schülergruppe

So geht's:
Die folgende Übung stellt eine besondere Herausforderung für Kleingruppen dar.

1. Teilen Sie die Klasse in 4er-Gruppen ein.
2. Jedes Team erhält vier A4-Blätter, einen Ziegelstein und eine Schere.
3. Dann stellen Sie folgende Aufgabe: „Baut mithilfe des Papiers ein möglichst stabiles Fundament für euren Ziegelstein. Zwischen dem Stein und der Tischplatte müssen mindestens zehn Zentimeter Abstand liegen."
4. Die wahrscheinlich beste Lösung, die Sie aber erst am Ende verraten, ist, die A4-Blätter in 10-cm-Stücke zu zerschneiden oder zu zerreißen. Diese rollt man zusammen und stellt sie möglichst dicht aneinander. Dieses Fundament hält nicht nur einen Ziegelstein aus, sondern wahrscheinlich etliche mehr. Es ist sogar möglich, dass eine leichte Person vorsichtig auf den Stein steigt und von der papierenen Basis getragen wird!

M S DIE TÜR ZU MEINEM HERZEN

Kategorie:

Material: je Schüler ein Zeichenblatt und verschiedenste Zeichen- und Malutensilien, Entspannungsmusik, Abspielgerät

Dauer: 45 Min.

Teilnehmer: ganze Klasse / Schülergruppe

So geht's:

Diese schöne Übung zur Selbstreflexion weckt kreatives Potenzial.

1. Erfragen Sie zur Einleitung, welche Arten von Türen und Toren die Schüler kennen. Genau so verschieden wie diese sind Menschen und die Zugänge zu ihnen.
2. Zu Beginn folgt eine kurze, entspannende Meditation, die Sie anleiten, und die durch leise Entspannungsmusik untermalt werden kann.

Atme ruhig ein und aus, ruhig ein und aus. Schließe die Augen. Achte weiter auf deinen Atem. Langsam bemerkst du, dass du ruhiger wirst. **(Pause)** *Stelle dir ein Haus vor, mit einer wunderschönen Tür oder einem imposanten Tor. Stelle dir vor, diese Tür ist die Tür zu deinem Herzen. Wie ist die Beschaffenheit? Ist die Tür groß, klein, breit, hoch? Aus welchem Material besteht deine Tür, dein Tor? Aus Holz, Glas, Metall, Plastik? Ist es eine ganz normale Tür oder etwas Außergewöhnliches? Ist sie alt, zeitgemäß oder besonders modern? Wie sieht der Türrahmen aus? Steht etwas an der Tür? Hat das Tor, hat deine Tür ein Schloss? Eine Klinke? Wie ist der Öffnungsmechanismus? Ist die Tür geöffnet? Gibt es hinter der Tür, hinter deinem Tor etwas, das sichtbar ist? Wer darf alles hinein? Hat jede Person Zutritt oder nur ausgewählte Menschen? Schaue dir deine Tür noch einmal ganz genau an und präge sie dir gut ein.* **(kurze Pause)** *Öffne nun wieder die Augen.*

M S DIE TÜR ZU MEINEM HERZEN

Wenn Sie mit Ihren Impulsfragen und der Einstimmung zum Ende gekommen sind, lassen Sie die Ruhe noch ein wenig nachwirken. Danach folgt die Aufgabenstellung. Die Schüler sollen nun die Türen oder Tore malen, die sie vor ihrem geistigen Auge gesehen haben. Die Ausfertigung ist dabei ganz ihnen überlassen, ebenso wie die Wahl der Malutensilien. Sie malen es so, wie es ihrer Fantasie entspringt und wie es ihre Kreativität zulässt. In dieser Phase kann die Entspannungsmusik natürlich weiter im Hintergrund leise zu hören sein.

3. Wenn alle fertig sind, gibt es verschiedene Möglichkeiten, wie man fortfahren könnte:

- Die Kunstwerke verbleiben am Platz und die Schüler wandern in der Klasse herum und betrachten, was die anderen geschaffen haben.
- Die Bilder werden an die Wand gehängt.

Für beide Fälle gilt, dass es interessant ist, wenn die einzelnen Teilnehmer ihre Tür, ihr Tor kurz beschreiben.

Dabei können Sie noch Fragen anschließen, wie z. B.:

- Wie war die Phase, als du die Augen geschlossen hattest, für dich?
- Ist es dir schwer- oder leichtgefallen, deine Tür zu sehen?
- Bist du zufrieden mit deinem Werk?
- Was sagst du zu den anderen Bildern?
- Gefallen dir welche besonders gut?
- Findest du Ähnlichkeiten bei anderen Türen oder Toren?
- Dürfen alle Menschen durch deine Tür?
- Hat deine Tür auch mit dir selbst zu tun? Bestimmst du selbst, wen du nahe zu dir kommen lässt – in dein Herz?

S DIE ZEIT LÄUFT

Kategorie:

Material: mechanische Eieruhr oder Sanduhr

Dauer: 10 Min. +

Teilnehmer: ganze Klasse / Schülergruppe

So geht's:

Eine Übung zum schnellen Kennenlernen!

1. Alle versammeln sich im Kreis und sollen nach Ihren Vorgaben eine kurze Information über sich preisgeben. In der ersten Runde könnte es um den Vornamen gehen, danach um ein Hobby, den Geburtsort, ihr Lieblingsfach, das liebste Essen etc.
2. Stellen Sie zu Beginn die Eieruhr oder halten Sie die Sanduhr bereit und starten Sie die Übung mit dem Kommando: „Achtung, fertig, Zeit läuft!"
3. Übergeben Sie die Uhr rasch an den ersten Teilnehmer. Dieser nennt seinen Vornamen und reicht die Uhr sofort an die nächste Person weiter. Wenn alle durch sind, gibt es sofort eine neue Vorgabe. Dies geht so lange, bis die Uhr abgelaufen ist.
4. Am Ende kann analysiert werden, wie viele Runden geschafft wurden und was sich die Gruppe über die einzelnen Personen gemerkt hat.

S DREI FREUNDE

Kategorie:

Material: je Gruppe ein DIN-A5-Blatt und ein Stift

Dauer: 25 Min. +

Teilnehmer: ganze Klasse / Schülergruppe

So geht's:
Im Zuge dieser Übung geht es vor allem darum, Gemeinsamkeiten und Unterschiedliches in der Gruppe zu erkennen und diese Verschiedenartigkeit zu respektieren.

1. Teilen Sie die Schüler in 3er-Gruppen ein.
2. Schreiben Sie die folgenden drei kurzen Aufträge an die Tafel:
   - Findet drei Dinge, die ihr alle drei mögt.
   - Findet drei Dinge, die keiner von euch dreien mag.
   - Findet drei Dinge, bei denen ihr euch alle drei unterscheidet.
3. Die Teilnehmer besprechen sich kurz in ihren Gruppen und notieren ihre Ergebnisse auf dem Blatt.
4. Sind die Gruppen fertig, kommen alle im Plenum zusammen. Jedes Mitglied einer 3er-Gruppe liest jeweils die Antworten zu einer Aufgabe vor, sodass alle einmal an die Reihe kommen. In dieser Reflexions- und Auswertungsphase können Sie natürlich auch fragen, ob in den Gesprächen Überraschendes zum Vorschein kam und ob es bei dem einen oder anderen Auftrag schwierig war, drei Antworten zu finden.

S DREI GEWINNT – VARIANTE

Kategorie:

Material: etliche DIN-A5-Blätter und ca. 20 rote und 20 grüne DIN-A6-Kärtchen

Dauer: beim ersten Mal 45 Min.

Teilnehmer: ganze Klasse / Schülergruppe

So geht's:
Bei dieser Tic-Tac-Toe-Variante gewinnt die Gruppe, die zuerst drei Begriffe in einer Reihe oder diagonal gelegt hat. Das Spielmaterial wird allerdings zuvor noch erarbeitet.

1. Lassen Sie Ihre Klasse Begriffe suchen, die eine gute Gemeinschaft, ein funktionierendes Miteinander in der Schule positiv bzw. negativ beschreiben. Diese Wörter schreiben Sie auf A6-Zettel, und zwar positive Begriffe auf grünem Papier, negative auf rotem. Beispiele für diese Begriffe könnten sein:

   - ⊕ tolerant, hilfsbereit, ehrlich, Respekt, Vertrauen, Team, trösten, alle mitspielen lassen, auch einmal nachgeben, zusammenhalten
   - ⊖ schreien, herumstoßen, andere beleidigen, jemanden beschimpfen, Egoismus, lügen, anderen ungefragt etwas wegnehmen

   Diese Kärtchen, die für das Spiel notwendig sind, sollten Sie später laminieren.

2. Der Anschaulichkeit halber wird im folgenden Beispiel von einer Schülerzahl von 24 ausgegangen, Adaptierungen sind aber leicht möglich. Bilden Sie zuerst 3er-Gruppen. Jedes Team sucht sich ein anderes, gegen das es spielt. Somit haben sich vier Spielgruppen zu je sechs Personen gebildet.

3. Geben Sie nun jeder von ihnen neun A5-Blätter, die das Spielfeld darstellen sollen. Die Gruppen suchen sich einen freien Platz am Boden oder stellen zwei Tische aneinander, sodass eine etwas größere Spielfläche entsteht. Dort werden drei Reihen mit je drei A5-Blättern für das Spielfeld ausgelegt.

S DREI GEWINNT – VARIANTE

4. Händigen Sie nun den Mitgliedern der jeweiligen Mannschaften drei rote bzw. drei grüne A6-Spielkärtchen aus. Ein Team spielt also mit rot, das andere mit grün.

5. Abwechselnd legt nun jedes Team eines seiner Kärtchen auf das Spielfeld. Dies geht so lange, bis drei Felder mit einer Farbe und somit den Wörtern eines Teams entweder waagerecht, senkrecht oder diagonal belegt sind. Liegen alle drei Kärtchen auf dem Spielfeld, ohne eine Reihe zu bilden, geht das Spiel natürlich weiter. In diesem Fall nimmt der Nächste, der dran ist, eines der eigenen Kärtchen vom Spielfeld weg und platziert es strategisch günstig in ein anderes Feld usw.

6. Man kann dies sogar in Turnierform spielen. Dabei kommen die Gewinner immer eine Runde weiter, bis das siegreiche Team des Tages feststeht.

Ⓜ DU GEHÖRST DAZU!

Kategorie: ♡

Material: je Schüler ein kleines Holzstäbchen (ca. 20 x 0,5 cm) und ein zusätzliches Stäbchen

Dauer: 10 Min. +

Teilnehmer: ganze Klasse / Schülergruppe

So geht's:

Frei nach dem Motto „Zusammen sind wir stärker!" soll bei dieser Übung vermittelt werden, dass wir nicht „auf Biegen und Brechen" agieren dürfen.

1. Halten Sie die Holzstäbchen, mit einem Stück Schnur umwickelt, als Bündel in der Hand.
2. Nun bitten Sie ein – vielleicht eher schüchternes – Mitglied der Gruppe, ein Stäbchen herauszuziehen und es zu zerbrechen. Meistens werden die Schüler nachfragen, ob das ernst gemeint ist, was Sie bejahen.
3. Nachdem das Stäbchen entzwei ist, werden evtl. einige andere sagen, dass da nichts dabei wäre, dass sie das auch könnten etc. Fragen Sie nun einen von diesen, ob er das auch machen möchte, und geben Sie diesem Schüler das Bündel als Ganzes. Dann fordern Sie ihn auf, es zu zerbrechen – was nicht gelingen wird.
4. Bedanken Sie sich bei beiden für die Bereitschaft, bei diesem Versuch mitzumachen, und gehen Sie nun auf eine andere Ebene. Legen Sie das zerbrochene Holzstück auf den Boden und platzieren Sie das intakte, unversehrte Bündel unmittelbar daneben.
5. Dann wird abgefragt, was die Schüler sehen. Erst wenn die erste, die visuelle Ebene abgehandelt wurde, kann man zur Übertragung auf die soziale gehen, auf die Situation in der Klasse oder Gruppe.

Ⓜ DU GEHÖRST DAZU!

6. Schon Schüler ab der 3. Klasse der Primarstufe erkennen in der Reflexionsphase den Zusammenhang: Das einzelne, kaputte Stäbchen steht für einen Außenseiter, für das sozial nicht angenommene Mitglied der Klasse, für Ausgeschlossenheit etc. Im Gegensatz dazu steht das Bündel als Inbegriff von Geborgenheit und Sicherheit, dafür, angenommen zu werden, in der Gruppe verankert zu sein usw. Das Fazit ist also, dass es die Aufgabe der Klasse sein muss, alle in die Gemeinschaft (ins Bündel) einzugliedern, damit jeder seinen Platz finden kann.

7. Als netten Abschluss könnten alle Klassenmitglieder ihre Holzstäbchen farbig anmalen und ihren Namen darauf schreiben. Packen Sie alle Stäbchen in einem Bündel zusammen und hängen Sie es dekorativ im Klassenzimmer auf.

S EIERFALL

Kategorie:   

Material: je Gruppe ein rohes Ei, 2 DIN-A4-Blätter, 4 Kartonstreifen mit etwa 5 x 5 cm, 5 Gummiringe, 3 Luftballons, eine Schere und ca. 2 m Tesafilm, evtl. eine Leiter

Dauer: 45–90 Min.

Teilnehmer: ganze Klasse / Schülergruppe

So geht's:

Die folgende Übung sollte unbedingt im Freien durchgeführt werden. Die Schüler sollen ein Ei mit wenigen Materialien so gut schützen, dass es einen Fall aus ca. drei Metern Höhe möglichst unbeschadet übersteht. Es geht dabei vorrangig um den gemeinsamen kreativen Prozess, der in einem spaßbetonten Wettbewerb seinen Abschluss findet.

1. Teilen Sie die Schüler in Gruppen von zwei bis vier Teilnehmern ein. Jedes Team hat die Aufgabe, mithilfe der zur Verfügung gestellten Materialien einen Schutz für ihr Ei zu bauen.
2. Die Teams müssen ihrem Ei einen Namen geben.
3. Nach Ablauf der von Ihnen vorgegebenen Zeit (30–60 Min.) kann die große Show beginnen. Das erste Team präsentiert kurz sein Ei und seine Konstruktion und lässt es dann von der zuvor definierten Startposition zu Boden fallen. Dies kann z. B. von einem Balkon oder auch eine bestimmte Sprosse einer Leiter sein.
4. Nun wird überprüft, ob das Ei geschützt werden konnte und unversehrt blieb.
5. Am Ende kann noch reflektiert werden, wie innerhalb der Gruppen gearbeitet wurde und der Meinungsprozess vonstattenging.

Variante: Statt der obigen Materialien könnte die Liste auch so aussehen: ein rohes Ei, Tesafilmrolle (begrenzt mit ca. 2 m), eine Schere, ein Papiertaschentuch, 4 Kartonstreifen (5 x 5 cm), 20 Strohhalme und ca. 1 m Schnur.

M (EIN-)BLICK IN MEINEN KOPF

Kategorie: ♡

Material: je Schüler ein großes Zeichenblatt (DIN A3 oder größer) und Zeichenmaterial (Blei-, Bunt- oder Filzstifte), Entspannungsmusik, Abspielgerät

Dauer: 45 Min.

Teilnehmer: ganze Klasse / Schülergruppe

So geht's:

Der Name ist Programm: Es wird gezeichnet, was einem gerade in den Sinn kommt.

1. Die Schüler gehen paarweise zusammen.
2. Jeder zeichnet die Kontur des Kopfes seines Partners auf das Zeichenblatt.
3. Danach schließen die Schüler ein paar Minuten die Augen und schauen zu leiser Entspannungsmusik in sich hinein. Sie sollen sich möglichst viel von dem merken, was sie „sehen". Bei Bedarf dürfen auch Notizen gemacht werden.
4. Im Rest der Stunde bringen sie diese Bilder, Gedanken, Gefühle etc. zu Papier und malen und zeichnen sie in die Kontur ihres Kopfes.
5. Gegen Ende der Einheit könnte man in einer Runde im Kreis einen kurzen Austausch und eine Reflexion machen.

M EIN FREUND, EIN GUTER FREUND...

Kategorie:

Material: je Schüler ein DIN-A6-Blatt und Stifte

Dauer: mindestens 45 Min.

Teilnehmer: ganze Klasse / Schülergruppe

So geht's:
In dieser Übung wird das Thema Freundschaft näher betrachtet. Nach einer Einleitungsphase werden Standbilder gemacht, die sich mit besonderen Freundschaftssituationen auseinandersetzen.

1. Teilen Sie die Blätter aus und lassen Sie die Schüler Antworten auf die Frage „Was bedeutet Freundschaft für dich?" finden.
2. Besprechen Sie die Ergebnisse im Sitzkreis.
3. Sie können das Thema durch weitere Fragen noch vertiefen:
   Was sind die wichtigsten Eigenschaften eines Freundes?
   Ist die Anzahl der Freunde wichtig? Wie viele braucht man?
   Kann man mehrere beste Freunde haben?
   Können auch Mädchen und Jungen miteinander befreundet sein?
4. In einem nächsten Schritt teilen Sie die Schüler in 2er- oder 3er-Gruppen ein. Jede Gruppe hat die Aufgabe, ein Freundschaftsfoto zu machen und es in Form eines Standbildes zu zeigen. Zuvor überlegen die Kleingruppen, welche Situation sie am Foto darstellen wollen, wie Mimik und Körperhaltung der Personen aussehen sollten usw.
5. Zum Abschluss präsentiert jede Gruppe ihr „Foto". Die Zuschauer können raten, welche Situation dargestellt und was gerade gemacht wird. Danach stellen die „Fotografen" klar, ob die Annahmen der anderen richtig oder falsch waren.

S EMOTIONEN AN DER WAND

Kategorie: ♡

Material: Gefühlskärtchen (s. Kopiervorlage auf S. 197)

Dauer: 10 Min. +

Teilnehmer: 10 +

So geht's:
Hier geht es um das einfache, improvisierte Darstellen von Gefühlen. Somit bietet diese Übung einen originellen Einstieg zum Thema Emotionen.

1. Teilen Sie die Schüler in zwei Gruppen auf. Eine der beiden beginnt und alle Gruppenmitglieder stellen sich nebeneinander in einer Reihe mit dem Rücken zum Publikum entlang einer Wand auf. Die andere Gruppe sieht zu.
2. Lesen Sie nun eine Emotion von den Gefühlskärtchen vor, worauf sich alle Teilnehmer der Gruppe gleichzeitig umdrehen und diese nach ihrer Vorstellung pantomimisch darstellen. Sie halten kurz diese Position. Wenn der Spielleiter in die Hände klatscht, lösen sie die Haltung, drehen sich um und warten auf den Zuruf des nächsten Gefühls.
3. Nach einiger Zeit wechseln die Gruppen.
4. Natürlich kann auch darüber diskutiert werden, welche Emotionen leicht darzustellen waren, welche weniger usw.

Zur Vertiefung bietet sich die Übung „Emotionen mit Maske (und Bewegung)" (S. 54) an.

S EMOTIONEN MIT MASKE (UND BEWEGUNG)

Kategorie:

Material: eine weiße, neutrale Maske; Gefühlskärtchen (s. Kopiervorlage auf S. 197)

Dauer: 45 Min.

Teilnehmer: ganze Klasse / Schülergruppe

So geht's:
Nach anderen, einfacheren Übungen zum Thema Emotionen und Gefühle (z. B. „Emotionen an der Wand" auf S. 53 oder „Gefühle-Pantomime" auf S. 61) folgt diese interessante Erweiterung.

1. Zuerst zieht jeder Schüler eines der Gefühlskärtchen und spielt das gezogene Gefühl pantomimisch vor. Die zusehenden Teilnehmer versuchen, zu erraten, um welches Gefühl es sich handelt.
2. Die zweite Runde verläuft nach dem gleichen Prinzip, jedoch setzt die jeweilige Person, nachdem wieder ein Kärtchen gezogen wurde, die Maske auf, bevor sie das Gefühl vorspielt.
3. In einer Reflexionsrunde wird sich zeigen, um wie viel schwieriger diese Übung war, weil die gesamte Mimik fehlte. Fragen, die zum Nachdenken und Diskutieren während des Erfahrungsaustausches anleiten könnten, wären z. B.: Welche Form fiel dir leichter? Was fiel dir besonders schwer? Warum war das so? Was fehlte bei der Darstellung mit der Maske als wichtiges Merkmal? Was ist dir aufgefallen, als du das Gefühl mit der Maske gezeigt hast?
4. Sollte die Gruppe an dieser Art des Spieles Freude haben, könnte man es um einen weiteren, sehr lustigen Aspekt ergänzen. Dazu verbindet man nun ein Gefühl mit einer pantomimisch auszuführenden Tätigkeit. Dazu ziehen die Teilnehmer ein Gefühlskärtchen und bekommen von Ihnen die Vorgabe, was sie zu spielen haben. So könnte man Personen sehen, die verzweifelt Gitarre spielen, cool Geschirr abwaschen, übermütig Zähne putzen oder lustlos essen. Lassen Sie Ihrer Fantasie freien Lauf!

M FAIR PLAY

Kategorie:  

Material: ein dickeres Seil oder Tau

Dauer: 45 Min.

Teilnehmer: ganze Klasse / Schülergruppe

So geht's:

Oft gibt es in der Sporthalle bei der Zusammenstellung oder beim Wählen von Teams Unmut und Streitereien, die noch im Klassenzimmer negativ nachwirken. Der nachfolgende methodische Vorschlag stellt eine Anregung zum Thema „Fair Play" dar.

1. Klären Sie zu Beginn mit Ihren Schülern den Begriff „fair" bzw. „Fair Play". Fragen Sie Ihre Schüler, ob sie schon einmal Ungerechtigkeiten erlebt haben oder wo unfair agiert wurde, und führen Sie sie zum Bereich des Sports.
2. Falls die Schüler nicht von allein auf das Thema kommen, weisen Sie sie darauf hin, dass es zu Zeitverlust führt, wenn es bei der Teamfindung zu Diskussionen oder gar Streit kommt. Sie können weniger spielen und der Spaß geht verloren. Umgekehrt und positiv formuliert, heißt das, dass mehr Spiel und weniger Streit gleichbedeutend sind mit mehr Spaß in der Gruppe. Im Endeffekt entscheidet also die Klasse, welchen Weg sie gehen will.
3. Gemeinsam sollen Möglichkeiten gefunden werden, wie Teams fair zusammengesetzt werden können. Beispiele wären: durchzählen, Karten/Büroklammern/Gummibären in verschiedenen Farben ziehen, Auswahl durch die Lehrkraft, jedes Mal wählen andere Personen etc.
4. Schaffen Sie bei der nun folgenden Übung eine bewusst unfaire Situation, indem Sie die Schüler in zwei offensichtlich ungleich starke Teams teilen, und kündigen Sie an, dass diese beiden Teams nun im Tauziehen gegeneinander antreten werden. Die Gruppe, die die andere über eine bestimmte Marke zieht, hat gewonnen.

5. Naturgemäß wird sich die schwächere Gruppe beschweren und obwohl sie die Vorgangsweise als unfair empfindet und keine Chance auf Erfolg sehen wird, sollten Sie sie darum bitten, wenigstens einmal den Versuch zu unternehmen
6. In den meisten Fällen wird die stärkere Gruppe als siegreiches Team im Kräftemessen hervorgehen. Nach diesem Erlebnis muss sofort unterbrochen werden und ein pädagogisches Gespräch folgen. Fragen wie diese können gestellt werden, um eine Bewusstseinsbildung zu erreichen: „War das fair?", „Was war unfair?", „Hatten alle Spaß daran?" oder „War das sportlich sinnvoll?"
7. Als nächsten Schritt teilen Sie nach einem Zufallsprinzip bunt gemischte Gruppen ein, die überlegen sollen, wie man diesen Wettkampf fairer machen könnte.
8. Nach einigen Minuten werden die Vorschläge präsentiert, gesammelt und diskutiert. Aus all diesen Möglichkeiten suchen die Teilnehmer eine oder mehrere heraus, von denen sie finden, dass sie fair sind, und probieren diese aus.
9. Den letzten Schritt in der Reflexionsphase bilden das Gespräch und die Diskussion darüber, welches die beste, fairste, sinnvollste oder lustigste Variante war. Und natürlich geht es auch um die Frage, was mehr Spaß machte – die anfängliche Version oder eine, die in den Gruppen entstanden ist.

Ⓜ FEEDBACK GEBEN UND ANNEHMEN

Kategorie:
Material: keines
Dauer: 45 Min.
Teilnehmer: ganze Klasse / Schülergruppe

So geht's:
Feedback geben kann schon in der Primarstufe geübt und auf einfachem Niveau durchgeführt werden. Allerdings gilt es, einige Regeln zu beachten.

1. Erklären Sie, was Feedback bedeutet, und legen Sie dabei großen Wert auf das Wort „Wertschätzung". Dann gehen Sie mit Ihren Schülern die einzelnen Punkte durch:
   - Beim Feedback nach einer erbrachten Leistung (Referat, Präsentation, Gruppen- oder Partnerarbeit etc.) ist es von besonderer Bedeutung, dass zuerst positive Dinge benannt werden.
   - Alle Stellungnahmen über das Gesehene oder Gezeigte sollen in der Ich-Form gegeben werden. Es geht darum, das persönlich Wahrgenommene als Einzelperson zu formulieren: „Mir hat gut gefallen, dass ..." oder: „Ich für meinen Teil fand besonders gut, als ..."
   - Wenn etwas nicht so gut gelaufen ist, so soll dies durchaus auch angesprochen werden. Dabei müssen Pauschalurteile unbedingt vermieden werden.
   - Kritische Anmerkungen sind erwünscht, besonders wenn sie mit Verbesserungsvorschlägen einhergehen.
   - Wichtig in diesem Zusammenhang ist es, sich auf Konkretes und auf Veränderbares zu beziehen.
   - Die Personen, die das Feedback annehmen, hören in erster Linie zu. Sie können aber nachfragen, wenn etwas nicht klar formuliert wurde. Wichtig ist es, sich am Ende für das Feedback zu bedanken.
2. Nach einer guten Leistung eines Schülers oder einer Gruppe wird das Erarbeitete gleich trainiert.

S FEHLERRALLYE

Kategorie:  

Material: je Station einige Alltagsgegenstände bzw. ein Aufgabenblatt, je Schülerpaar ein DIN-A5-Blatt und ein Stift

Dauer: 20 Min. +

Teilnehmer: ganze Klasse / Schülergruppe

So geht's:
Die Schüler sollen in 2er-Teams im Zuge eines Parcours möglichst viele Fehler finden.

1. Erstellen Sie (in der Klasse, in der Schule, im Freien) einen einfachen Rundgang oder Parcours, wobei bei jeder Station ein Fehler eingebaut wird. Diese können z. B. sein: fünf Schreibgeräte und ein Radiergummi (einfach), fünf Sportarten mit Bällen (Beach-Volleyball, Fußball, Golf, Tennis, Wasserball) und eine ohne, sechs europäische Länder mit dazugehörigen Hauptstädten, wobei eine falsch ist (schwieriger).
2. Bei jeder Station liegen also entweder sechs Alltagsgegenstände oder jeweils ein Aufgabenblatt mit einem Fehler.
3. Teilen Sie die Schüler in 2er-Teams ein. Jedes Team erhält ein A5-Blatt und einen Stift.
4. Die Kleingruppen gehen nun (nach einem System oder frei) von Station zu Station und beraten sich, was der Fehler sein könnte.
5. Jede Gruppe vermerkt den vermeintlichen Fehler auf dem Blatt und am Ende wird ausgewertet.

Je nach Altersstufe wird der Schwierigkeitsgrad natürlich variieren, es kann aber auch themenspezifisch gearbeitet werden, um z. B. gewisse Lehrinhalte zu festigen.

M FÜNF FINGER FÜR DIE STILLE

Kategorie: ♡

Material: je Schüler ein DIN-A4-Blatt und ein Stift

Dauer: 10 Min. +

Teilnehmer: ganze Klasse / Schülergruppe

So geht's:

Dies ist ein Ritual, um schnell Ruhe in die Klasse zu bringen.

1. Die Schüler schreiben auf das A4-Blatt die Überschrift „Verhalten zum Stundenanfang" und zeichnen ihre rechte Hand darunter.

2. In den Daumen schreiben sie die Zahl 1, in den Zeigefinger die Zahl 2 usw.

3. Unter die gezeichnete Hand werden noch einmal die Zahlen von 1 bis 5 geschrieben. Daneben schreiben die Schüler die jeweiligen Anweisungen, die das Verhalten zum Stundenanfang betreffen. Alle Kinder der Klasse helfen bei der Erarbeitung dabei mit, diese herauszufinden.

1. Daumen: Stelle die Gespräche ein.
2. Zeigefinger: Drehe dich zu mir.
3. Mittelfinger: Schaue mich an.
4. Ringfinger: Höre mir zu.
5. Kleiner Finger: Mache andere aufmerksam, die noch miteinander reden.

4. Sollte also zu Stundenbeginn noch Unruhe herrschen, stellen Sie sich vorn hin, beginnen mit dem Daumen, dann nehmen Sie den Zeigefinger dazu usw. So sollte es nach einiger Zeit und einigen Versuchen spätestens beim kleinen Finger ruhig sein.

S GEFÜHLE-MEMO

Kategorie: 

Material: keines, evtl. Gefühlskärtchen (s. Kopiervorlage auf S. 197)

Dauer: 10 Min. +

Teilnehmer: 12 +

So geht's:

Dies ist eine originelle Variante des bekannten Spieles.

1. Zwei Teilnehmer, die ausgewählt wurden, dürfen gegeneinander spielen. Zu diesem Zweck verlassen sie kurz den Raum.
2. Die anderen finden sich nun paarweise zusammen und überlegen sich gemeinsam ein Gefühl (oder ziehen eines der Kärtchen), das sie darstellen, um es dann auf Wunsch den „Aufdeckern" vorzuführen. Die Darstellungen müssen vollkommen identisch sein. Vergewissern Sie sich, dass keine Gefühle doppelt vorkommen, indem alle Paare ihres einmal vorzeigen.
3. Nachdem sich die Teilnehmer, bunt gemischt, im Halbkreis aufgestellt haben, werden die beiden Spieler hereingeholt, die nun gegeneinander antreten.
4. Sie dürfen sich jeweils zwei Gefühle zeigen lassen. Das passiert durch Nennen des Namens oder Antippen der jeweiligen Teilnehmer, die dann das vereinbarte Gefühl zeigen.
5. Ist das Paar identisch, gehört es dem „Aufdecker". Wer am Ende des Spiels mehr Paare gefunden hat, ist Sieger.

S GEFÜHLE-PANTOMIME

Kategorie: ♡

Material: Gefühlskärtchen (s. Kopiervorlage auf S. 197)

Dauer: 10 Min. +

Teilnehmer: ganze Klasse / Schülergruppe

So geht's:

Bei diesem Spiel geht es um das Darstellen von Gefühlen, um nonverbales Vermitteln von Emotionen.

1. Bilden Sie mit Ihren Schülern einen Sitzkreis. Ein Schüler nach dem anderen zieht ein Kärtchen und stellt die beschriebene Emotion pantomimisch dar.
2. Die Aufgabe der Zuschauer besteht darin, das soeben gezeigte Gefühl zu erraten.

Zur Vertiefung bietet sich die Übung „Emotionen mit Maske (und Bewegung)" auf S. 54 an.

GEMEINSAM AUF DEM WEG

Kategorie:

Material: je Schüler ein DIN-A4-Blatt, Zeichenutensilien

Dauer: 20 Min. +

Teilnehmer: ganze Klasse/Schülergruppe

So geht's:

Diese Übung ist eine nette Idee für das Kennenlernen und die Arbeit mit einer neuen Klasse.

1. Eine Hälfte der Klasse zeichnet den Umriss des linken Fußes auf ein Blatt Papier, die andere Hälfte den vom rechten.
2. Erklären Sie, was damit gemacht werden soll, und machen Sie selbst auch mit:
   - In die große Zehe kommt der eigene Vorname.
   - In die anderen Zehen notiert jeder Schüler sein bevorzugtes Essen, den Lieblingsgegenstand, die Lieblingssportart und sein Lieblingstier.
   - In der Fußsohle wird aufgeschrieben, was man sich von der Klasse wünscht, und im Bereich der Ferse, was man zu der Klassengemeinschaft beitragen wird.
3. Nach diesem Schritt werden die Füße bemalt (aber so, dass das Geschriebene noch zu lesen ist) und ausgeschnitten.
4. In einer Plenumsrunde stellen dann alle ihren Fuß und somit sich selbst kurz vor.

Zuletzt werden die Füße der gesamten Klasse quer über eine Wand angebracht, sodass ein dynamischer Effekt entsteht. Die Botschaft lautet: Wir sind alle gemeinsam auf dem Weg!

Ⓜ GEMEINSAMKEITEN UND UNTERSCHIEDE

Kategorie:

Material: je Schülergruppe ein DIN-A4-Blatt, Stifte

Dauer: 45 Min.

Teilnehmer: ganze Klasse / Schülergruppe

So geht's:

Diese einfache Übung zum Herausfinden von Unterschieden und Gemeinsamkeiten eignet sich besonders für die Anfangsphase einer neuen Klasse.

1. Bilden Sie 3er-Gruppen nach dem Zufallsprinzip. Jede Gruppe bekommt die Aufgabe, Kriterien zu finden, worin sich Schüler voneinander unterscheiden bzw. was sie miteinander gemeinsam haben könnten.
2. In der nachfolgenden gemeinsamen Phase präsentieren die Gruppen ihre Ergebnisse. Schreiben Sie die Nennungen an die Tafel. Die Schüler übertragen nun diese gesammelten Ideen untereinander auf ein A4-Blatt. Mögliche Kriterien wären etwa:
   - Alter
   - Geschlecht
   - Hobby
   - Lieblingsfach
   - Musik
   - Sprache
   - Aussehen
   - Größe
   - Kleidung
   - Lieblingssport
   - Nationalität
3. Dann gehen alle Schüler in der Klasse herum und sollen mit möglichst vielen Personen drei bis fünf Gemeinsamkeiten finden und auf ihrem Blatt notieren.
4. In der Reflexionsphase werden Erfahrungen ausgetauscht und besondere und überraschende Erkenntnisse ins Plenum gebracht.

Ⓜ GEMISCHTER BUCHSTABENSALAT

Kategorie:

Material: je Schüler ein DIN-A4-Blatt und Stift, großes Plakat (DIN A2 oder größer)

Dauer: 45 Min.

Teilnehmer: ganze Klasse / Schülergruppe

So geht's:

1. In dieser Übung befassen sich die Schüler mit dem Begriff „Gemeinschaft" und setzen sich damit auseinander, was er für ihre Klasse bedeutet. Stellen Sie einleitend die Frage „Was erwarte ich von einer Gemeinschaft?" und schreiben Sie sie an die Tafel.
2. Um darauf eine Antwort zu finden, schreiben die Schüler das Wort „Gemeinschaft" in einzelnen Buchstaben untereinander auf ein A4-Blatt. Dann sollen sie für jeden Buchstaben eine dazu passende Eigenschaft oder Erwartung notieren (zum Beispiel: G = Geduld, E = Ehrlichkeit …)
3. Anschließend werden die Ergebnisse im Plenum besprochen und an der Tafel gesammelt. In dieser Diskussions- und Reflexionsrunde können Fragen gestellt werden, wie z. B.: Welche Erwartungen stelle ich an die Gemeinschaft? Was ist mir besonders wichtig? Was ist für mich nicht so von Bedeutung? Erfülle ich selbst diese Erwartungen? usw.
4. Schließlich sucht die Gruppe für jeden Buchstaben die für sie treffendste Bedeutung aus und schreibt sie in verschiedenen Farben auf ein Plakat. Wenn dann noch alle Schüler der Klasse unterschreiben, steht der Präsentation im Klassenzimmer oder draußen an der Tür nichts mehr im Wege.

S GEOMETRISCHE FIGUREN BILDEN

Kategorie: 

Material: keines

Dauer: 10 Min. +

Teilnehmer: ganze Klasse / Schülergruppe

So geht's:

Geometrie kann nicht nur in der Klasse stattfinden, sondern in ganz anderer Aufmachung auch in der Sporthalle.

1. Die Aufgabe der Teilnehmer besteht darin, sich nach Ihrer Anweisung in Form einer geometrischen Figur im Raum aufzustellen (z. B. „Bildet ein Dreieck / ein Quadrat / einen Kreis / ein M / ein S / ein X / ein A / …")
2. Für Gruppen, die schon älter sind, gilt absolutes Sprechverbot. Jede Person folgt dem eigenen Impuls und findet ihren Platz im System.

S GEWITTERMASSAGE

Kategorie: ♡
Material: keines
Dauer: 5 Min. +
Teilnehmer: ganze Klasse / Schülergruppe

So geht's:
Bei dieser Übung geht es um ein Entspannungserlebnis mit einem Partner. Klären Sie vorher gemeinsam, ob alle mit der gegenseitigen Berührung einverstanden sind.

1. Die Gruppenmitglieder stellen sich paarweise zusammen und verteilen sich im Raum.
2. Jedes Paar entscheidet, wer beginnt, bei einem zweiten Durchgang wird gewechselt. Lesen Sie die Anweisungen laut vor und zeigen Sie, wie die Massage durchgeführt werden soll.
   - Schließe die Augen und werde ruhig. Kontrolliere deinen Atem und stelle dir nun vor, du befindest dich mitten im Wald auf einer kleinen Lichtung. Es ist heiß und nur das leise Rascheln der Blätter im Wind ist zu hören. *(Massagepartner streift mit beiden Händen leicht über den Rücken.)*
   - Die ganze Zeit über ist es schon drückend schwül und du hast bemerkt, dass Wolken aufgezogen sind. *(Mit den Händen auf Kopf, Schultern und Rücken drücken.)*
   - Die Sonne ist nicht mehr zu sehen, weil sich der Himmel durch die vielen Wolken verdunkelt hat. Der Wind wird heftiger. *(Mit Fingerspitzen links und rechts über Rücken streifen.)*
   - Der Wind wird heftiger und heftiger und geht in einen Sturm über. Die Bäume biegen sich hin und her. *(Den Partner bei den Schultern nehmen und leicht nach links und rechts wiegen.)*
   - Wie zu erwarten war, beginnt es, aus den dichten, dunklen Wolken zu regnen. Erst sind es nur einige Tropfen … *(Mit Fingern auf Rücken tippen.)*

S Gewittermassage

- … aber dann werden es mehr und mehr. Schließlich fallen dicke Tropfen auf deinen ganzen Körper. *(Mit Fingern schneller und fester auf den Rücken trommeln.)*
- Plötzlich zuckst du zusammen. Das Gewitter ist sehr nah gekommen und Blitze erhellen den Himmel. *(Mit den Händen einige Male quer oder im Zickzack über den Rücken streichen.)*
- Der Donner lässt nicht auf sich warten. Donnerschläge lassen die Luft erzittern. *(Mit beiden Händen an den Schultern fassen und leicht rütteln und schütteln.)*
- Mittlerweile schüttet es und du bist komplett durchnässt. *(Mit beiden Händen fest auf dem Rücken rubbeln.)*
- Der Regenschauer lässt langsam nach, bis nur mehr ein paar Tropfen zu spüren sind. *(Schnelles Trommeln mit den Fingern geht langsam über in ein leichtes Tippen auf den Rücken.)*
- Schließlich ist das Gewitter vorübergegangen und die Sonne setzt sich wieder durch. Sie wird deine nasse Kleidung schnell wieder trocknen. *(Hände aneinanderreiben und auf den Rücken legen oder sanft darüberstreichen.)*
- Öffne nun deine Augen, gewöhne dich wieder langsam ans Licht und bedanke dich bei deinem Partner für die angenehme Massage. *(Händeschütteln.)*

Ⓜ GUMMIBÄREN UND ZITRONENLIMO

Kategorie:  

Material: 1 oder 2 Packungen Gummibären und 2 Flaschen Zitronenlimonade

Dauer: 45 Min.

Teilnehmer: ganze Klasse / Schülergruppe

So geht's:
Diese wunderbare Übung zum Thema Gruppenkonsens und Demokratie, die ab der 4. Klasse der Primarstufe möglich ist, erhält ihre Motivation besonders durch den süßen Anreiz.

1. Gehen Sie in die Klasse und stellen Sie je nach Klassengröße beispielsweise ein bis zwei Packungen Gummibären und zwei Flaschen Zitronenlimonade auf den Lehrertisch. Das Raunen, das wahrscheinlich durch die Klasse geht, wird noch lauter werden, wenn Sie bekannt geben, dass all das für die Schüler bestimmt ist.
2. Die einzige Bedingung Ihrerseits besteht darin, dass die Schüler diese Dinge untereinander so aufteilen müssen, dass alle zufrieden und einverstanden sind. Die Lösung muss demnach einvernehmlich sein und von den Schülern selbst kommen. Dies bedeutet, dass Sie als Lehrkraft im weiteren Verlauf keinen Einfluss auf die Entscheidungsfindung nehmen sollten.
3. Teilen Sie die Klasse in 4er-Gruppen ein. Jede Gruppe soll über eine vernünftige, praktikable und durchführbare Möglichkeit der Aufteilung nachdenken. Hilfsmittel, die in der Klasse oder in der Schule sind, können bei Bedarf genutzt werden.
4. In der ersten Runde ziehen sich die Gruppen kurz zurück und beraten, welchen Vorschlag sie den anderen unterbreiten wollen. Außerdem wählen sie einen Sprecher aus.
5. Diese Gruppenvertreter treffen sich mit ihren Stühlen in der Mitte der Klasse und stellen ihre Lösungsmöglichkeiten vor. Es wird nicht darüber diskutiert, sondern nur zugehört.

6. Dann gehen alle wieder in die Kerngruppe zurück, um dort die anderen Vorschläge zu besprechen. Es wird überlegt, ob man auch in der nächsten Runde bei der eigenen Möglichkeit bleibt, ob man etwas verändern oder ergänzen möchte oder ob man sich einer anderen, überzeugenderen Lösung anschließt.

7. Nachdem neue Sprecher der Kleingruppen ausgesucht wurden und sich diese wieder in die Mitte gesetzt haben, kommt es zum neuerlichen Austausch der Lösungsvorschläge.

8. Dies geht nun so lange, bis die Klasse zu einem Konsens gekommen ist und sich auf eine Möglichkeit der gerechten Verteilung geeinigt hat. Ist dieses Ziel vor Ende der Schulstunde nicht erreicht, so nehmen Sie die mitgebrachten Dinge wieder mit und probieren es in einer anderen Stunde noch einmal aus.

9. Am Ende gibt es dann schöne Momente, wenn es nach einem oft zähen Prozedere doch gelungen ist, eine für alle akzeptable Entscheidung zu finden. Dann werden alle in der Klasse sitzen und in Eintracht und Frieden ihre Gummibären und die Limonade genießen.

Hier noch zwei lustige Beispiele aus der Praxis, welch unterschiedliche Wege Schüler zur fairen Aufteilung von Chips (als Alternative zu Gummibären) und einem Getränk gefunden haben: Eine Klasse suchte einen Schüler aus, der (wie ein Priester bei der Kommunion) mit den Chips so lange rundum ging und diese austeilte, bis die Packung leer war. Beim Getränk war es so, dass die Schüler bis zur nächsten Woche Milchbecher gesammelt und ausgewaschen hatten und danach bis zu einer gewissen, vorher vereinbarten und abgemessenen Marke eingeschenkt wurde. Eine andere Gruppe löste die Herausforderung so, dass immer so viele Chips in ein kleines Holzetui gefüllt wurden, bis dieses voll war. Beim Getränk wurde ein Messbecher aufgetrieben, mit dem ganz genau darauf geachtet werden konnte, dass alle gleich viel bekamen.

S GYMNASTK IM DUNKELN

Kategorie: ☺
Material: keines
Dauer: 10 Min. +
Teilnehmer: ganze Klasse / Schülergruppe

So geht's:

Bringen Sie mit ein paar Minuten Gymnastik Bewegung in die Klasse. Um die Sache ein bisschen spannender zu machen, schließen alle Teilnehmer bei dieser Übung die Augen.

1. Alle Schüler brauchen etwas Platz und stellen sich verteilt im Raum auf. Dann schließen sie die Augen und folgen Ihren Anweisungen.
2. Hier einige Beispiele:
   - Hebe das linke/rechte Bein an.
   - Lege den Kopf in den Nacken.
   - Zeige mit beiden Armen nach vorn/nach hinten.
   - Drehe dich einmal oder 2-mal um die eigene Achse.
   - Mache eine Kniebeuge, danach einen Liegestütz.
   - Setze dich in den Schneidersitz.
   - Stehe wieder auf.
   - Kreise mit deinem Becken.
   - Klatsche einmal oder 2-mal in die Hände.
   - Springe einmal oder 2-mal hoch.
   - Stampfe einmal mit dem rechten/linken Fuß auf.
   - Beuge dich so weit wie möglich nach vorn/hinten.
   - Stelle dich auf die Zehenspitzen.
   - Führe den rechten/linken Ellbogen zum linken/rechten Knie.
   - Strecke beide Hände ganz nach oben.
   - Setze dich entspannt hin und öffne dann die Augen.

M HALLO, ECHO!

Kategorie:
Material: keines
Dauer: 45 Min.
Teilnehmer: ganze Klasse / Schülergruppe

So geht's:
Das Thema „Aktives Zuhören" kann mit dieser Übung relativ praktisch und nicht zu kompliziert auch einem jüngeren Klientel vermittelt werden. Zur Einstimmung bietet sich die Übung „Ich bin ganz Ohr – gutes Zuhören" (S. 79) an.

1. Alle Mitglieder der Klasse werden in 3er-Teams aufgeteilt.
2. Jeweils zwei Personen reden miteinander, der Dritte beobachtet.
3. Es wird über ein selbst gewähltes oder vorgegebenes Thema gesprochen, wie z.B. der letzte Klassenausflug, etwas, das mich maßlos ärgert, oder mein letztes Wochenende.
4. Nach ca. einer Minute (evtl. stoppt der Beobachter mit) unterbricht die beobachtende Person den Beitrag. Der Zuhörer muss nun die vorherigen Aussagen des Gegenübers in eigenen Sätzen sinngetreu wiederholen. Anschließend wird das Gespräch wieder fortgesetzt und nach einer weiteren Minute erneut unterbrochen. Der Zuhörer soll wieder das Gesagte mit eigenen Worten wiederholen. Die beobachtende Person achtet darauf, ob die Aussagen übereinstimmen. Dann werden die Rollen gewechselt und es wird über ein neues Thema gesprochen.
5. In der Auswertungs- bzw. Reflexionsphase können folgende Fragen gestellt werden:
   - Wie ist es dir dabei gegangen, nur zuhören zu müssen?
   - Wie geht es dir, wenn du merkst, dass dir (nicht) zugehört wird?
   - Wann wäre es vorteilhaft, anderen gut zuzuhören?
   - Wie sieht eine passende Körperhaltung als Zuhörer aus?
   - Was sollte man als Zuhörer tun bzw. absolut vermeiden?

M HEIßER STUHL

Kategorie: 

Material: keines

Dauer: 15–45 Min.

Teilnehmer: ganze Klasse / Schülergruppe

So geht's:

Ausnahmsweise folgt eine längere Einleitung: Diese Übung zur persönlichen Reflexion bzw. der Möglichkeit aller Mitglieder der Gruppe, einer Person (positives und/oder negatives) Feedback zu geben, polarisiert einigermaßen. Es ist ratsam, vorab die Übung „Feedback geben und annehmen" (S. 57) durchzuführen, um die Schüler zu sensibilisieren. Abgesehen vom Einholen positiver Energie bei Schülern einer ganz normalen Klasse, kann der „heiße Stuhl" aber auch bei Schülern verwendet werden, die in der Gruppe für Unruhe sorgen, permanente Störenfriede sind oder sich nicht an Regeln halten können oder wollen.

Es geht darum, jemand anderem gegenüber ehrlich die eigene Meinung zu äußern. Diese Übung sollten Sie nur ausprobieren, wenn Sie die Klasse gut kennen. Außerdem sollten Sie sich an den vorgegebenen Ablauf halten und in der Kommunikation neutral, aber freundlich bleiben.
Die Schüler werden dazu aufgefordert, ehrlich, wohlwollend, durchaus auch kritisch, vor allem aber nie beleidigend oder vorwurfsvoll zu sein. Äußerst sensiblen Schülern sollte man die Übung trotzdem nicht zumuten.

Als Einstieg und quasi als Anschauungsexempel wäre es ratsam, zumindest 2- bis 3-mal eher Personen auf den „heißen Stuhl" zu bitten, die in der Klasse ohnehin gut integriert sind, damit alle sehen, wie diese Methode zur Konfliktbearbeitung und -bewältigung funktioniert und abläuft. Wie eingangs erwähnt, ist es nur eine von mehreren Möglichkeiten, sich einem Problem in der Klasse zu stellen.

Ⓜ HEIẞER STUHL

1. Es wird ein Stuhlhalbkreis gebildet. Sie selbst sitzen direkt gegenüber. Daneben befindet sich eine leere Position – der „heiße Stuhl".
2. Bitten Sie einen Schüler, auf dem „heißen Stuhl" Platz zu nehmen, und fordern Sie wegen der besonderen Methode Ruhe und absolute Einhaltung der Gesprächsregeln ein.
3. Während der gesamten Dauer der Übung sitzen oder stehen Sie neben dem Schüler und halten bei Bedarf sogar physischen Kontakt. Durch diese Nähe werden Wertschätzung und das Bemühen, die besondere Situation gemeinsam zu meistern, signalisiert.
4. In der ersten Runde muss jedes Gruppenmitglied einen positiven Satz über die Person auf dem „heißen Stuhl" äußern. Und auch wenn man mit ihr nicht unbedingt gut befreundet ist, findet sich eigentlich immer etwas, was der Schüler gut kann, was einem gefällt, welche positive Eigenschaft die Person hat, z. B.: „Du bist in Mathematik wirklich gut. Du kannst schnell laufen. Du bist ehrlich. Du bist ein guter Freund."
5. Nach der positiven Runde fassen Sie noch einmal die wichtigsten Punkte zusammen. Eventuell fragen Sie auch nach, welche Äußerung den Schüler am meisten gefreut oder überrascht hat.
6. In der zweiten Runde können nun alle sagen, welches Verhalten ihnen nicht gefällt, was sie nicht mögen. Hier gilt die Regel, dass niemand etwas sagen muss. Wer jedoch Kritik äußert, tut das auf konstruktive Weise, eine verbale Überschreitung müssen Sie sofort unterbinden. Die Äußerungen sollen neutral und nicht zu emotional vorgetragen werden. Beispiele von Fehlverhalten können geschildert werden, ebenso was man darüber denkt und dabei empfindet, z. B.: „Was ich nicht so mag an dir, ist, dass du dir immer etwas ausborgst, ohne mich zu fragen. Mich stört, dass du dich in der Pause oft über andere lustig machst."
7. Wieder fassen Sie zusammen, gehen aber dieses Mal besonders auf die Gefühle und Bedürfnisse der Klassenmitglieder ein, z. B.: „Was den anderen bei dir nicht so gefällt, ist ... Was sie stört, ist ..."
8. Dann hat wieder die auf dem heißen Stuhl sitzende Person die Möglichkeit, kurz darauf einzugehen und zu antworten – dies sollte allerdings freiwillig geschehen.

9. Bei Bedarf kann eine dritte Runde stattfinden, in der die Mitglieder der Gruppe einen positiven Abschluss suchen und/oder einen Wunsch äußern, wie z. B.: „Ich würde mir wünschen, dass du aufhörst, mich vor den anderen lächerlich zu machen, weil mich das traurig macht."
10. Am Ende bekommt der Schüler, der das Feedback der Gruppe erhalten hat, die Möglichkeit, zu reflektieren, was sie gehört hat, was sie mitnehmen bzw. ändern könnte, worüber sie nachdenken wird etc. Auch dieser Schritt sollte freiwillig geschehen. Kein Schüler darf gezwungen werden, vor der Gruppe Stellung zu beziehen.
11. Falls erforderlich, könnte eine weitere Runde durchgeführt werden, in der gemeinsam und lösungsorientiert Vorschläge gefunden werden, um die angesprochenen Probleme dauerhaft zu lösen. Je klarer die Empfehlung, desto einfacher wird eine Umsetzung in der Praxis sein. Dabei soll der Wille von allen bekundet werden, aktiv einen Beitrag zu leisten, womit die Lösung nicht mehr allein bei einer Person liegt.
12. Die Lösungen sollen hauptsächlich von den Schülern selbst gefunden werden. Natürlich können Sie in der einen oder anderen Weise regulierend eingreifen bzw. auch Ihre Meinung zum Ausdruck bringen. Letztendlich ist es aber eine Entscheidung der Gruppe und des betroffenen Schülers, wie mit dem Problem umgegangen wird.
13. Die Übung wird mit einem kräftigen Applaus für die mutige Person auf dem „heißen Stuhl" und ihre Bereitschaft, sich der Meinung und Kritik der anderen zu stellen, beendet.

HOCHSTAPLER

Kategorie:

Material: je Gruppe etwa 10 Plastikbecher und ein Haarband bzw. ein etwas breiterer Gummiring sowie je Schüler ein Wollfaden von etwa 1–2 m Länge

Dauer: 45 Min.

Teilnehmer: 6 +

So geht's:

Für diese Kooperationsübung braucht man etwas Platz, weshalb sie in einer größeren Klasse, in der Sporthalle oder im Freien durchgeführt werden sollte. Die Aufgabe lautet, als Gruppe möglichst viele, mit der Öffnung nach unten stehende Plastikbecher übereinanderzustapeln.

1. Vorweg sollten Sie schon je Teilnehmer einen Wollfaden in der Hälfte so um das Haarband bzw. den Gummiring verknoten, dass jeweils zwei gleich lange Teile entstehen.

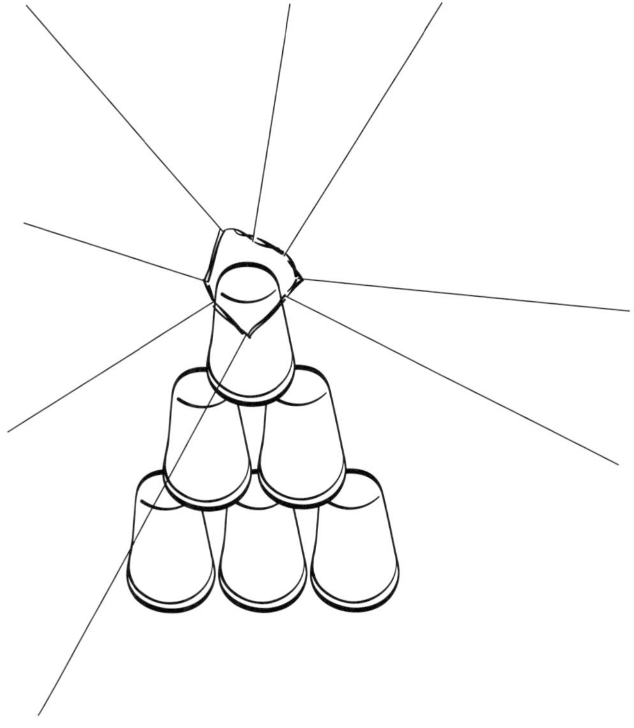

S HOCHSTAPLER

2. Bei einer größeren Gruppe teilen Sie die Schüler in Kleingruppen mit etwa sechs bis acht Schülern ein.

3. Jede Gruppe erhält nun ihre Becher und das Haarband mit den Wollfäden. Zuerst werden die Becher in einer Reihe aufgestellt. Jedes Mitglied nimmt nun jeweils die beiden Enden seines Wollfadens in eine Hand und geht etwas auf Zug. Dadurch wird das Haarband gedehnt und kann so über einen verkehrt stehenden Becher gestülpt werden.

4. Wenn die Gruppe nun wieder leicht nachlässt, hält das Haarband auf dem Plastikbecher. Somit kann er behutsam aufgehoben und über einen anderen gestapelt werden. Durch das Anspannen der Fäden wird der Becher wieder losgelassen und man holt einen neuen.

5. Was einigermaßen kompliziert klingt, ist in der Praxis nicht zu schwierig. Wenn die Gruppe das System verstanden hat und gut miteinander kooperiert, gelingt es rasch. Die Aufgabenstellung kann noch erschwert werden, indem man die Becher zu einer Pyramide stapeln muss. Unten stehen dann vier, in der zweiten Reihe sind es drei, darauf stehen zwei und ganz oben thront der zehnte Becher.

Ⓜ HÖR MIR ZU!

Kategorie:

Material: je Schüler Stifte und ein DIN-A4-Blatt

Dauer: 45 Min.

Teilnehmer: ganze Klasse / Schülergruppe

So geht's:

Die Schüler sollen mithilfe dieser Übung lernen, einander zuzuhören und andere ausreden zu lassen.

1. Teilen Sie die Gruppe paarweise auf.
2. Die Schüler fertigen auf ihrem Blatt eine einfache Zeichnung an, ohne dass es die jeweiligen Partner sehen. Das kann ein Haus sein, ein Auto, ein Tier, ein Gegenstand etc.
3. Dann setzen sich die Paare Rücken an Rücken auf ihre Stühle. Ein Teilnehmer beginnt und beschreibt, was auf seinem Blatt zu sehen ist, wie z. B.: „Ich habe einen Autobus gezeichnet. Man sieht die Längsseite mit dem Fahrer, der Bus fährt nach links. Vorn sieht man ein Rad, hinten zwei nebeneinander."
4. Der Partner hört zu und versucht, das zu malen, was er gehört hat. Nachfragen dürfen erst dann gestellt werden, wenn der Partner ausgesprochen hat, z. B. „Wie viele Fenster hat der Bus?" oder „Welche Farbe hat er?"
5. Am Ende werden die beiden Bilder verglichen.
6. Anschließend wechseln die Rollen.
7. In einer reflektiven Schlussrunde im Plenum sollte noch darüber gesprochen werden, weshalb es wichtig ist, anderen gut zuzuhören und sie ausreden zu lassen.

S HURRA!

Kategorie: ☺
Material: keines
Dauer: 5 Min. +
Teilnehmer: ganze Klasse / Schülergruppe

So geht's:

Bei diesem Spiel handelt es sich um eine schnelle Aufwärmübung in der Gruppe, die Spaß macht!

1. Alle Teilnehmer stehen in einem engen Kreis und rufen folgenden Spruch, und zwar anfangs langsamer, dann immer schneller werdend: „Schulter, Schulter – Hüfte, Hüfte – Knie, Knie – Hurra!"
2. Dabei berühren alle nach dem folgenden vorgegebenen Muster die Körperteile der Nachbarn und benennen diese auch.
   - „Schulter, Schulter" >> Die Teilnehmer drehen sich zum jeweiligen linken Nachbarn, berühren mit der Hand dessen Schulter und sagen „Schulter". Dann drehen sie sich sofort zum rechten Nachbarn, berühren und benennen ebenfalls dessen Schulter.
   - „Hüfte, Hüfte" >> Drehung links, berühren und „Hüfte" sagen, Drehung rechts etc.
   - „Knie, Knie" >> wie vorher
   - „Hurra!" >> Alle rufen gemeinsam „Hurra!" und strecken dabei die Arme in die Höhe.
3. Beginnen Sie, wie oben erwähnt, mit einem langsamen Rhythmus, bis der Ablauf allen klar ist. Dann kann das Tempo so lange gesteigert werden, bis allen schwindlig ist.

M ICH BIN GANZ OHR – GUTES ZUHÖREN

Kategorie: ♡

Material: fachspezifische Materialien wie unten beschrieben, Audio-Files oder CDs, 5–10 Gegenstände, die sich klanglich unterscheiden lassen

Dauer: 45 Min. +

Teilnehmer: ganze Klasse / Schülergruppe

So geht's:

Diese Übung zum Thema aufmerksames Zuhören könnte zu einem größeren Projekt ausgebaut werden.

1. Es gibt viele Möglichkeiten, fächerübergreifend zu den Themen Ohr, Hören und Sprechen zu arbeiten. Beispiele dafür sind:
   - Deutsch: Wortfamilie „Hören", Mini-Hörspiel erarbeiten
   - Biologie: anatomischer Aufbau und Funktion des Ohres, Lückentext
   - Musik: leise-laut, Frequenzen, Musizieren
   - Physik: Schall
   - Fremdsprachen: Hörverständnisübungen
2. Starten Sie mit einer Sensibilisierungsübung, wie z. B. Geräusche erraten. Dies geht zum einen mithilfe von entsprechenden Audio-Files im Internet oder auch speziellen CDs oder Sie fordern Ihre Schüler auf, die Augen zu schließen, und lassen dann verschiedene Dinge zu Boden fallen. Die Schüler versuchen, zu erraten, um welche Gegenstände es sich handelt.
3. Dann erhalten die Schüler für eine Woche folgende Aufgabe: Sie sollen überlegen, wie man ein guter Zuhörer wird. Zudem sollen sie notieren, mit wem sie während der Woche längere Zeit gesprochen haben und wer ihnen richtig zugehört hat, wenn sie etwas zu erzählen hatten.
4. In der Woche darauf kommt es im Plenum zum Austausch.
5. Weiterführende Spiele und Übungen wären z. B. „Verfälschte Wahrheit" (S. 162), „Sinnes-Quiz" (S. 135), „Hallo, Echo" (S. 71) oder auch das gemeinsame Erarbeiten von Gesprächsregeln.

M IST DA JEMAND?

Kategorie: 

Material: keines

Dauer: 45 Min.

Teilnehmer: ganze Klasse/Schülergruppe

So geht's:

Im Zuge dieser Übung können die Schüler hautnah miterleben, was es bedeutet, von einer Gruppe ausgeschlossen zu sein. Besonders in Klassen, in denen dieses Thema ein Problem darstellt, kann evtl. eine Erkenntnis vermittelt werden. Überdies besteht durch das eigene Erleben einer unangenehmen Situation die Möglichkeit, die Empathiefähigkeit zu stärken.

1. Suchen Sie einen sozial beliebten Schüler aus, der auch psychisch stabil ist, und bitten Sie ihn, sich in diesem Spiel als Testperson zur Verfügung zu stellen.
2. Nachdem er ohne nähere Informationen vor die Tür geschickt wurde, bekommen die anderen Teilnehmer ihre Aufgabe: Sie sollen in der Klasse herumgehen, sich freundlich begrüßen, die Hände der anderen schütteln und ein paar nette Worte wechseln. Alle sollen sich freuen, die anderen zu sehen. Allerdings mit einer Ausnahme: Der vor der Tür wartende Schüler soll von allen anderen abweisend behandelt bzw. ignoriert werden.
3. Der Schüler, der draußen wartet, wird nun hereingeholt. Weisen Sie ihn an, ebenfalls umherzugehen. Er wird vermutlich auch bald versuchen, mit den anderen Kontakt aufzunehmen. Die Mitschüler aber weichen aus, wehren jeden Kontaktversuch ab und ignorieren den so zum Außenseiter gemachten Teilnehmer.
   Nach kurzer Zeit, die meist auch für die sozial gut verankerten Schüler als unangenehm empfunden wird, brechen Sie die Übung ab und die Reflexion kann beginnen.

4. In der Auswertungsphase können folgende Fragen gestellt werden:
   - Wie hat der Ausgeschlossene sich deiner Meinung nach gefühlt?
   - Welche Versuche unternahm der Außenseiter, um Kontakt aufzunehmen?
   - Hat sich im Laufe der Übung etwas verändert (seltenere Versuche, ruhiger, aggressiveres Verhalten ...)?
   - Wie hat die Gruppe als Ganzes reagiert?
   - Haben alle gleich gehandelt?
   - Wie waren deine Gefühle?
   - Hattest du schon mal eine ähnliche Erfahrung, warst du auch schon mal in einer Außenseiterposition?
   - Wie sieht es in dieser Klasse aus? Gibt es Außenseiter?
   - Was macht eine gute Gruppe aus?
   - Was kann ich, was können wir als Gruppe oder Klasse tun, um Außenseiter zu integrieren?

Variante: Vor Beginn der Übung könnte man drei Teilnehmer hinausbitten. Einem von ihnen wird der Status einer sehr beliebten Person zugewiesen, dem zweiten der einer ganz normalen und dem dritten obliegt es, die Position des Außenseiters einzunehmen. Dementsprechend verhalten sich auch die anderen Schüler während der oben beschriebenen Übung. Der Beliebte wird überschwänglich begrüßt, die neutrale Person eben ganz normal und der Außenseiter wird abgelehnt, nicht beachtet.

M JEDER IST EIN STAR

Kategorie: 

Material: je Schüler ein DIN-A3- oder DIN-A2-Plakat, Farbstifte, Klebstoff

Dauer: 45 Min.

Teilnehmer: ganze Klasse / Schülergruppe

So geht's:
Durch diese Übung, in der sich alle Schüler als Star präsentieren dürfen, steht jeder mal im Mittelpunkt und erlebt die Anerkennung seiner Mitschüler.

1. Erklären Sie den Schülern eingangs, dass alle in einem bestimmten Zeitraum Gelegenheit haben werden, sich vor der Klasse zu präsentieren.
2. Ein Teil der Aufgabe kann zu Hause erledigt werden, ein Teil in der Schule. Die Schüler sollen Fotos, Andenken, Urkunden, Bilder und anderes für sie Wichtiges von zu Hause mitbringen. Mit Dingen, die sich dazu anbieten (Fotos, Bilder, aber auch Texte), gestalten sie ein Plakat.
3. Außerdem sollen sich die Schüler für den Tag, an dem sie sich präsentieren, über folgende Punkte Gedanken machen:
   Familie, Hobbys, Lieblingsfach, persönliche Stärken, besondere Urlaube oder Reisen, bedeutungsvolle Gegenstände etc.
4. Fertigen Sie eine Liste mit Terminen an, an denen der „Star des Tages" oder der „Star der Woche" präsentiert wird.
5. Die Präsentation der einzelnen Kandidaten soll immer mit Applaus beendet werden. Außerdem erhält jeder Zuhörer die Aufgabe, im Anschluss zumindest einen positiven Satz zu sagen. Auch Sie selbst sollten am Ende ein kurzes Feedback abgeben.
6. Besonders schön wäre es natürlich, wenn alle Stars ihre Werke und Plakate im Klassenraum dauerhaft ausstellen könnten.

Ⓜ KLASSENBAROMETER

Kategorie: ♡
Material: keines
Dauer: 20 Min. +
Teilnehmer: ganze Klasse/Schülergruppe

So geht's:
Bei dieser Aufstellung im Raum geht es darum, herauszufinden, ob sich manche Schüler – aus welchen Gründen auch immer – zum momentanen Zeitpunkt nicht besonders wohl in der Klasse fühlen.

1. Damit in der Klasse genug Platz ist, sollten für diese Übung die Stühle und Tische an den Rand gerückt werden.
2. Erklären Sie das Prinzip der Aufstellung im Raum. Auf einer Seite stellt man sich die Zahl 0 vor, gegenüber oder diagonal die Zahl 10. Dazwischen gibt es natürlich auch die entsprechenden Abstufungen und Positionen.
3. Mit zwei Einstiegsfragen kann das Prinzip neutral und einfach demonstriert werden: Wie sehr freust du dich auf das Wochenende? (0 = gar nicht, 10 = extreme Freude), Wie brav bist du in der Schule?
4. Anschließend sollen Fragen wie diese mehr in die Tiefe gehen:
   - Wie gerne gehst du zur Schule?
   - Wie empfindest du das Klima in der Klasse allgemein?
   - Wie wohl fühlst du dich in deiner Klasse?
5. Auf ein Zeichen stellen sich die Schüler dorthin, wo sie sich auf der Skala am Klassenbarometer sehen.
6. Im Anschluss daran befragen Sie einige Schüler, warum sie gerade dort stehen, wo sie sich hingestellt haben. Tun Sie das sowohl mit Schülern, die an den beiden Rändern stehen, als auch mit Leuten aus der Mitte. Bei diesen Gesprächen gilt es, besonders sensibel vorzugehen.
7. Sollte sich herausstellen, dass es extreme Außenseiter gibt oder überraschende Tatsachen zum Vorschein kommen, die man im Schulalltag nicht mitbekommen hat, so muss zeitnah daran gearbeitet werden.

M KLASSENREGELN ERARBEITEN

Kategorie:

Material: je Schüler 3 verschiedenfarbige DIN-A6-Zettel (z. B. grün, gelb, blau), etwa 6 DIN-A3- oder DIN-A2-Plakate, Stifte

Dauer: 45–90 Min.

Teilnehmer: ganze Klasse / Schülergruppe

So geht's:

Die unten stehende Vorgangsweise bietet sich besonders bei neu formierten Klassen und Gruppen an. Sie ist nur eine von vielen Möglichkeiten, zu einer Art Klassenvertrag zu kommen, der am Ende des beschriebenen Prozesses entstehen soll.

1. Erarbeiten Sie als Erstes mit Ihren Schülern Kommunikationsregeln: Aufzeigen bei einer Wortmeldung, ausreden lassen, zuhören, andere Meinungen akzeptieren, den anderen ansehen, bei Unklarheiten nachfragen usw.
2. Als Nächstes fragen Sie ab, welche Verhaltensweisen eine Klassengemeinschaft zerstören können bzw. was sich negativ auf die Atmosphäre in der Gruppe auswirken wird.
3. Nach dieser Gesprächsrunde teilen Sie an jeden Schüler drei verschiedenfarbige Zettel aus. Dabei steht eine Farbe für ICH, die zweite für WIR und die letzte für ES IST MIR WICHTIG.
4. In Einzelarbeit sollen nun alle Schüler aufschreiben, welche positiven Eigenschaften sie mitbringen, was sie sich von der Gemeinschaft wünschen und was ihnen wichtig ist. Beispiele: „ICH bin ehrlich." – „WIR sind nett zueinander." – „ES IST MIR WICHTIG, dass jeder mit jedem zusammenarbeiten kann und niemand ausgeschlossen wird."
5. Wenn das alle gemacht haben, teilen Sie die Schüler in 4er-Gruppen ein und stellen jeder Gruppe ein Plakat zur Verfügung. Die Gruppenmitglieder stellen sich gegenseitig ihre Sätze vor und halten sie auf dem Plakat fest.

Ⓜ KLASSENREGELN ERARBEITEN

6. Jede Gruppe präsentiert nun ihr Plakat. Fassen Sie zusammen, notieren Sie Neues und clustern Sie an der Tafel Gemeinsamkeiten und Ähnliches. Sollten Ihrer Meinung nach wichtige Aspekte noch fehlen, so können diese vielleicht durch Fragen herausgefunden werden, wie z. B.: Was nervt dich ganz besonders in der Klasse? Was brauchst du, um dich in der Klasse wohlzufühlen?
7. Aus all den angebotenen Punkten werden nun Regeln formuliert.
8. Nach einiger Zeit wird überprüft, inwieweit die Regeln eingehalten werden. Dies passiert mit der Klassenregelampel. Zu diesem Zweck zeichnen Sie die drei Ampelfarben an die Tafel. Anschließend lesen Sie Regel für Regel vor und bitten Ihre Schüler, bei einer Farbe aufzuzeigen: Bei grün, wenn sie finden, dass bei dieser Klassenregel alles funktioniert. Bei gelb, wenn sie ab und zu nicht eingehalten wird. Bei rot, wenn es oft Übertretungen gibt. Entsprechend den Ergebnissen überlegen Sie gemeinsam, was zu tun ist, damit sich alle an die Regeln halten (können), bzw. was sich ändern muss.

M KLASSENVERTRAG

Kategorie:  

Material: je Gruppe ein DIN-A4-Blatt, Stifte, ein DIN-A3-Blatt

Dauer: 45 Min.

Teilnehmer: ganze Klasse / Schülergruppe

So geht's:

Basierend auf gemeinsam entwickelten Regeln (wie z. B. in der Übung „Klassenregeln erarbeiten“ (S. 84) beschrieben) kann ein Klassenvertrag das optische Produkt eines demokratischen Prozesses sein. Die Regeln, die in der Klasse gemeinsam gefunden, entwickelt und aufgestellt wurden, sollten in irgendeiner Form niedergeschrieben werden – warum nicht als Vertrag?

1. Teilen Sie die Schüler in 3er- oder 4er-Gruppen ein. Jede Gruppe soll über sinnvolle Klassenregeln diskutieren, diese dann auf dem A4-Blatt schriftlich formulieren und im Anschluss präsentieren.
2. Fassen Sie diese Regeln am Computer zusammen, gestalten Sie ein Klassenvertragsblatt und vergrößern Sie es anschließend auf A3.
3. Dann wird der Vertrag von allen Schülern unterschrieben. Nachdem das A3-Blatt laminiert wurde, kann es im Klassenzimmer für alle sichtbar aufgehängt werden. Bei Fehlverhalten kann dann darauf Bezug genommen werden.

S KLATSCHEN UND DUCKEN

Kategorie: ☺
Material: keines
Dauer: 10 Min. +
Teilnehmer: ganze Klasse / Schülergruppe

So geht's:

Dieses lustige Reaktions- und Bewegungsspiel kann einfach und ohne Material zwischendurch eingesetzt werden.

1. Alle Schüler stellen sich im Kreis auf und das Spiel läuft reihum im Uhrzeigersinn.
2. Teilnehmer 1 dreht sich nach links, Teilnehmer 3 dreht sich zu ihm. Beide klatschen gleichzeitig in die Hände und zwar über dem Kopf von Teilnehmer 2. Damit dieser nicht getroffen wird, muss er schnell in die Knie gehen und sich ducken.
3. Danach kommt Teilnehmer 2 sofort wieder hoch, weil er nun gemeinsam mit Teilnehmer 4 klatscht, während sich Teilnehmer 3 duckt usw.
4. Es dauert anfangs etwas, bis das System klar ist. Manche tun sich ein wenig schwer, daher beginnen Sie lieber langsam und steigern das Tempo sukzessiv. Schließlich wird die Übung aber sehr dynamisch.

Ⓜ KONFLIKTBAROMETER

Kategorie:  

Material: keines

Dauer: 20 Min. +

Teilnehmer: ganze Klasse / Schülergruppe

So geht's:

Bei dieser Übung geht es um die Einschätzung der Schüler zu konkreten Konfliktfällen. Vor allem bei Gruppen, die mit der Übung „Klassenbarometer" (S. 83) vertraut sind, kann diese Methode helfen, Konflikte besser zu erkennen.

1. Räumen Sie Tische und Stühle zur Seite, damit genug Platz für die Übung ist.
2. Falls Ihre Schüler mit der Übung noch nicht vertraut sein sollten, erklären Sie ihnen, wie sie sich im Raum verteilen sollen. Auf einer Seite stellt man sich die Zahl 0 vor. Bei diesem Platz handelt es sich im weiteren Verlauf um die Position, die die Schüler einnehmen, wenn sie meinen, dass der Konflikt überhaupt nicht schlimm, praktisch nicht vorhanden ist. Im Gegensatz dazu befindet sich gegenüber oder diagonal davon die Zahl 10. Das ist jener Platz, an den sich die Schüler stellen, die glauben, dass der Konflikt extrem und für sie selbst äußerst schlimm erscheint. Dazwischen befinden sich Positionen mit weiteren Abstufungen.
3. Am besten ist es, mit einer Proberunde zu beginnen, um sicherzugehen, dass alle Teilnehmer das Prinzip verstanden haben. Geben Sie ein Beispiel vor: „Zum wiederholten Mal wurde vor der Mathestunde die Tafel nicht gewischt. Deshalb schimpft der Mathelehrer und gibt der ganzen Klasse eine Zusatzaufgabe für zu Hause."
4. Jeder denkt nach, inwieweit ihm der Konflikt ans Herz geht und überlegt, welche Position er einnehmen wird. Ein Hinweis Ihrerseits, dass man sich nicht von anderen in seiner Meinungsbildung beeinflussen lassen soll, wäre gut.

5. Auf ein Zeichen stellt sich dann jeder dorthin, wo er sich auf der Skala am Konfliktbarometer sieht. Im Anschluss daran fragen Sie einige Personen, warum sie gerade dort stehen, wo sie sich hingestellt haben.

6. Dann kommt der nächste Satz usw.

Einige Konfliktfälle zur Auswahl:

- Eugen und Michelle spielen auf dem Pausenhof Tischtennis und wollen niemanden mitspielen lassen.
- Timo und Natalia sind sehr gut in Englisch. Bei einer mündlichen Vokabelüberprüfung lachen sie alle aus, die nichts gelernt haben oder etwas falsch aussprechen.
- Mohammed ist neu in die Klasse gekommen. Boris und Konrad lachen ihn aus, weil er die Sprache noch nicht gut kann, und fordern die anderen auf, sich ebenfalls über ihn lustig zu machen.
- In Sport steht der 1000-Meter-Lauf auf dem Programm. Sophie und Lisa liefern sich ein heißes Duell bis zum Schluss. Auf der Zielgeraden gibt Lisa ihrer Kontrahentin einen Stoß von der Seite, sodass sie aus dem Tritt kommt und knapp hinter ihr ins Ziel einläuft.
- Jonas fährt mit dem Rad zur Schule und trifft dabei Rene, den er nicht leiden kann. Er fährt kurze Zeit neben ihm, dann überholt er ihn, schneidet ihn dabei aber, sodass Rene hinfällt und sich das Knie aufschürft.
- Schon seit einiger Zeit gibt es immer wieder Probleme zwischen Ivo und Benny. Dieses Mal eskaliert der Streit aber komplett und die beiden liefern sich nach der Schule eine richtige Schlägerei, sodass beide bluten. Dabei werden sie von etlichen anderen Schülern umringt und angefeuert.
- Alina hat etwas gegen Eva, die etwas dicker ist als die anderen. Jede Pause sagt sie z. B. solche Sachen wie: „Lass uns in Ruhe, du dicke Kuh!“ Alle anderen aus der Klasse schauen dabei zu und sagen nichts, obwohl sie das von ihr unfair finden.

KONFLIKTE LÖSEN DURCH THEATER

Kategorie:  

Material: keines

Dauer: am besten eine Doppelstunde

Teilnehmer: ganze Klasse/Schülergruppe

So geht's:

Bei dieser Methode handelt es sich um einen Versuch, einen Konflikt mithilfe theaterpädagogischer Ansätze zu ergründen und zu lösen. Diese Übung wird ab etwa zwölf Jahren Sinn geben und ist vorrangig für aufgeschlossene und darstellerisch interessierte Gruppen geeignet.

1. Teilen Sie die Schüler in 3er- oder 4er-Gruppen ein.

2. Stellen Sie ihnen folgende Aufgabe:
   - Denkt über eine selbst erlebte Konfliktsituation nach oder erfindet eine.
   - Gebt der Hauptfigur, der Person, die das Problem hat, ebenso einen (ausgedachten) Namen wie dem Gegenspieler, dem Problemverursacher.
   - Stellt diese problematische Situation zuerst einmal in einem Standbild dar.

3. Jede Gruppe zeigt ihr Standbild. Im Plenum wird spekuliert, wer die Personen sein könnten, in welchem Verhältnis sie zueinander stehen usw.

4. Im nächsten Schritt werden die Gruppen aufgefordert, ihr Standbild in eine kurze Szene umzuwandeln. Die Gruppen überdenken und besprechen die Situation, proben eventuell kurz und spielen sie dann den anderen vor. Achten Sie darauf, dass der Applaus nicht vergessen wird!

Ⓜ KONFLIKTE LÖSEN DURCH THEATER

5. Stellen Sie nach jeder Darbietung an die nicht am Konfliktbild Beteiligten Fragen wie diese:
   - Um welchen Konflikt handelt es sich?
   - Wer hat mit wem ein Problem?
   - Was war zu sehen? Welche Handlungen wurden beobachtet?
   - Entsprach die Situation der Vorannahme vom Standbild?
   - Ist es vorstellbar, dass so etwas tatsächlich passieren könnte?

   Die Mitglieder der vorzeigenden Gruppen geben bei Rückfragen Antwort.
6. Wenn das Hauptproblem dem Publikum klar ist, können im Plenum Lösungsvorschläge gemacht und diskutiert werden.
7. Sobald sich alle auf einen Lösungsvorschlag geeinigt haben, wiederholt die Gruppe ihre Szene, allerdings passt sie ihr Spiel so an, dass die zuvor gefundene Lösung aufgenommen wird. Es ist auch möglich, mehrere Lösungswege durchzuspielen.
8. Diskutieren Sie im Anschluss über das Gesehene:
   - Was hat sich verändert? Gab es eine positive Wendung?
   - Ist der Lösungsvorschlag realistisch, umsetzbar?
   - Welcher war der sinnvollste? Welcher bringt Hoffnung?

Diese Methode heißt „Forumtheater“ und wurde von Augusto Boal, einem brasilianischen Theatermacher, entwickelt. Dabei wird dem Publikum eine Szene vorgestellt, die schlecht oder unbefriedigend endet. Dann wird das Publikum ermutigt, die dargestellte Szene durch sein Zutun, seine Mithilfe zu einem besseren Ende zu bringen.

Ⓜ KONFLIKTE – SPINNWEBANALYSE

Kategorie:

Material: je Schüler ein kopiertes Arbeitsblatt „Spinnwebanalyse" (s. Kopiervorlage auf S. 93)

Dauer: 45 Min.

Teilnehmer: ganze Klasse/Schülergruppe

So geht's:
Diese Methode, bei der man rasch zum Punkt kommt, dient zur Konfliktbearbeitung für Fortgeschrittene. Sie eignet sich z. B. für Streitschlichter.

1. Diese Übung steht eher am Ende aller hier erwähnten Möglichkeiten zur Bearbeitung von Konflikten, etwa auf gleicher Stufe wie die mediative Streitschlichtung (s. „Konflikte – Tour zum Frieden", S. 94).
2. Teilen Sie die Arbeitsblätter aus. In der Skizze wird festgehalten,
   - WORUM es geht. Deshalb wird zuerst ein Name für den Streit gefunden und in den Kreis geschrieben.
   - WER am Konflikt beteiligt ist.
   - WAS die einzelnen Beteiligten tun. Was ist vorgefallen?
   - WARUM jeder Einzelne so gehandelt hat. Warum ist das passiert? Welche Gründe gibt es? Was wollen die Beteiligten damit erreichen? Ursachen, Gefühle und Wünsche der Beteiligten sollen geklärt werden.
3. Als letzten Schritt kann man in der Gruppe zum entscheidenden Punkt kommen und auf Lösungssuche gehen. Es sollen qualitativ ansprechende Vorschläge gefunden und in den unteren „Spinnenbeinen" aufgelistet werden. Nach der Beurteilung kann die vermeintlich beste und fairste ausgesucht und ausprobiert werden.

SPINNWEBANALYSE

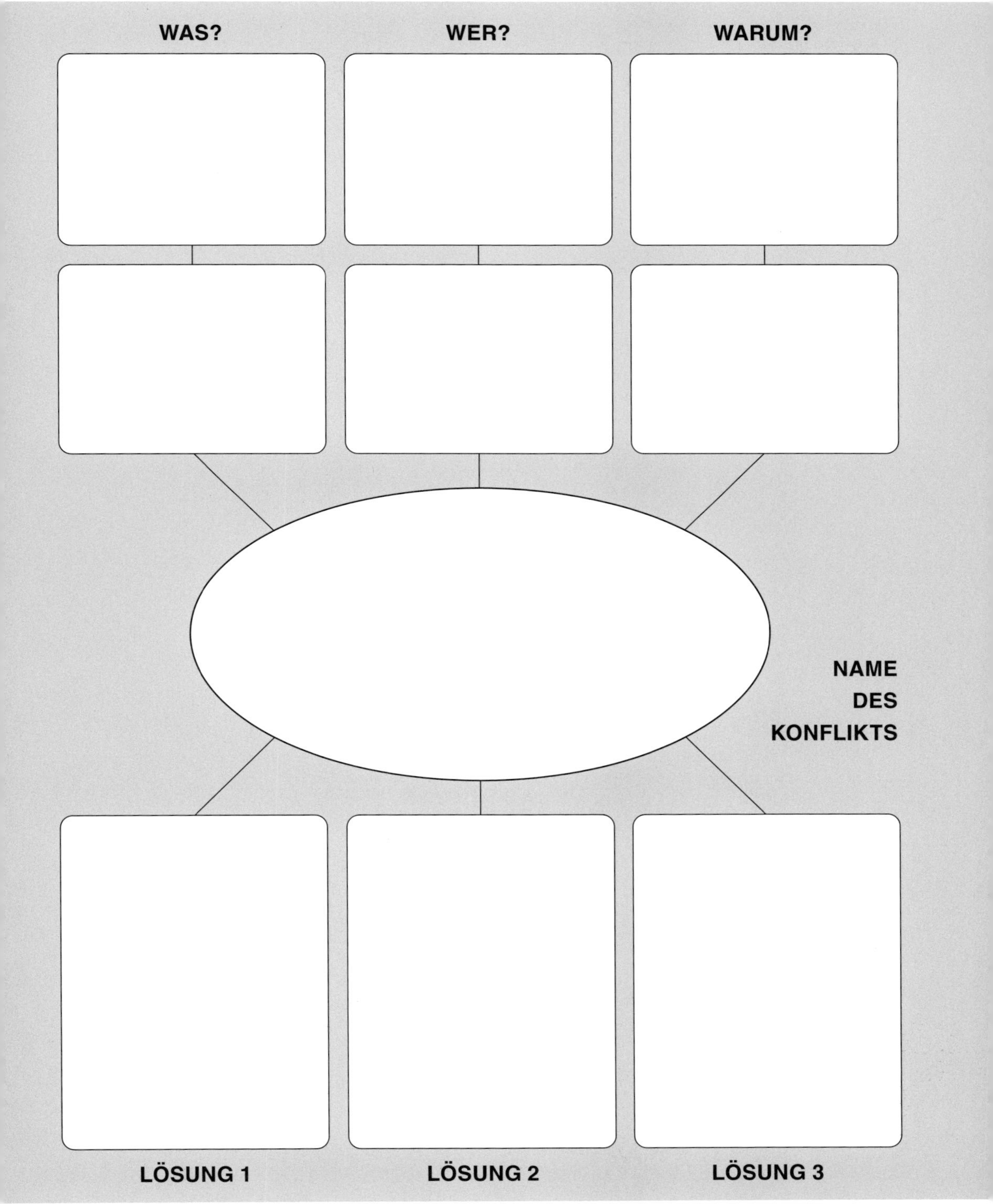

WAS? **WER?** **WARUM?**

NAME DES KONFLIKTS

LÖSUNG 1 **LÖSUNG 2** **LÖSUNG 3**

Ⓜ KONFLIKTE – TOUR ZUM FRIEDEN

Kategorie: 

Material: keines

Dauer: 45 Min.

Teilnehmer: ganze Klasse / Schülergruppe

So geht's:

Diese Methode bringt Mediation als Form der Konfliktbearbeitung vereinfacht in die Klasse, ist aber auch gut geeignet für die Arbeit mit Streitschlichtern.

1. Erklären Sie den Begriff „Mediation" als Vermittlung in schon länger schwelenden Streit- und Konfliktfällen. Knüpfen Sie dabei an das für alle bekannte Wort „Medium" an (z. B. mit dem Hinweis auf M für die Mitte bei mittlerer Kleidungsgröße o. Ä.).
2. In dem Verfahren, das sich an den unten beschriebenen bestimmten Ablauf halten soll, geht es um eine gemeinsame Lösungsfindung der Konfliktparteien, damit ein Streit gütlich und dauerhaft beendet werden kann. Gemeinsam mit einem Mediator, einer im Streit vermittelnden Person, soll der Konflikt durch Gespräche aufgearbeitet werden, um einen Neubeginn starten zu können. Dieser Mediator können Sie selbst sein, eventuell ein Schüler oder auch eine außenstehende Person.
3. Der Ablauf sieht wie folgt aus:
   - Phase 1: Regeln werden aufgestellt (ausreden lassen, zuhören etc).
   - Phase 2: Alle stellen ihre Sicht der Dinge dar, erläutern ihre Positionen und geben ihre Meinungen dazu ab.
   - Phase 3: Eigene Gefühle werden artikuliert und Wünsche ausgedrückt. Es sollte aber auch die Bereitschaft erkennbar sein, dem anderen entgegenzukommen.
   - Phase 4: Mögliche Lösungen werden erarbeitet.
   - Phase 5: Eine oder mehrere Lösungen werden ausgewählt. Den Abschluss bildet eine Einigung oder ein Abkommen schriftlicher oder mündlicher Art.

M KONFLIKTSTANDBILDER

Kategorie:  

Material: keines

Dauer: 20 Min. +

Teilnehmer: 10 +

So geht's:

Bei dieser Übung kann man sich spielerisch und auf kreative Art und Weise ernsten Themen, wie Mobbing und Gewalt, nähern. Bei Bedarf kann als sanfter Einstieg die Übung „Momentaufnahme" (S. 113) vorangestellt werden.

1. Teilen Sie die Schüler in 4er- oder 5er-Gruppen ein. Jede Gruppe erhält die Aufgabe, drei Standbilder zum Thema Streit (z. B. mit Mitschülern, mit Freunden, Geschwistern, Eltern etc.) zu erstellen.
2. Das zentrale Bild soll den Konfliktfall als solchen darstellen. Ein weiteres zeigt die Szene, die zum Streit geführt hat, und das dritte Bild demonstriert, wie sich der Konflikt weiterentwickeln könnte (positiv oder negativ).
3. Die Gruppen präsentieren sich gegenseitig ihre Mini-Geschichten mittels der Bildabfolgen. Die beobachtenden Teilnehmer beschreiben, was sie erkannt haben.
4. Im Anschluss werden die Darstellungen verglichen und die Schüler entwickeln anhand der gezeigten Bilder Lösungsmodelle für typische Konfliktsituationen im Alltag.

Variante: Bei der Präsentation muss nicht immer die gleiche Reihenfolge (Bild 1–3) eingehalten werden. Es ist auch mal interessant, das letzte Bild zuerst zu sehen, also das Ende der Geschichte. Die übrigen Teilnehmer müssen raten, was der Auslöser für den Konflikt gewesen sein könnte.

Ⓜ KONFLIKTSYMBOLE UND -ZEICHEN

Kategorie: 

Material: DIN-A5- oder DIN-A6-Blätter (mindestens eins je Schüler, besser wären mehr), Stifte

Dauer: 15 Min. +

Teilnehmer: ganze Klasse/Schülergruppe

So geht's:

Diese Methode bietet mit einem einfachen zeichnerischen Auftrag einen schnellen Einstieg ins Thema Konflikte.

1. Die Klasse sitzt in einem Stuhlkreis und jeder Schüler erhält von Ihnen Papier und Stifte.
2. Dann sollen alle darüber nachdenken, was sie mit dem Begriff Streit und Konflikt bildlich assoziieren, welche Symbole, Bilder oder Zeichen ihnen in den Sinn kommen, und diese zu Papier bringen.
3. Anschließend werden die Bilder und Symbole reihum vorgestellt. Jede Person begründet kurz ihre Wahl und spricht über ihre Gedanken.
4. Fassen Sie an der Tafel ähnliche Dinge in Cluster zusammen. Sehr häufig werden folgende Symbole vorkommen: Fäuste, Blitze, Gewitterwolken, zerbrochene Herzen, traurige Menschen oder Smileys, entzweite Menschen oder solche, die aufeinander böse sind.

Ⓜ KONFLIKTWOLKE

Kategorie: 

Material: Tafel, Pinnwand oder Flipchart; ca. 30 DIN-A6-Kärtchen, Klebestreifen

Dauer: 45 Min.

Teilnehmer: ganze Klasse / Schülergruppe

So geht's:

Nicht immer bemerkt man als klassenführende Lehrkraft alles, was in der Klasse vor sich geht. Manchmal erkennt man gewisse, immer wiederkehrende Streitthemen nicht bzw. misst ihnen zu wenig Bedeutung bei. Hinter der „Konfliktwolke" versteckt sich eine gute Methode, typische Konflikte in der Klasse herauszufiltern, um sie in der Folge bearbeiten zu können.

1. Zeichnen Sie eine Gewitterwolke mit einem Blitz an die Tafel oder auf ein Flipchartplakat. Die Überschrift dazu lautet: „Typische Konflikte in der Schule bzw. in der Klasse".
2. Teilen Sie die Schüler in 3er- oder 4er-Gruppen ein und händigen Sie jeder Gruppe ca. fünf Karten aus. Die Gruppen haben nun die Aufgabe zu überlegen, wo (z. B. Umkleideraum der Sporthalle), wann (z. B. große Pause) und warum (z. B. Schüler X stänkert) es in der Klasse oder im Schulbereich zu Konflikten kommt. Pro A6-Kärtchen wird ein Konfliktanlass notiert.
3. Nach dieser Erarbeitungsphase präsentieren die Gruppen nacheinander je ein Kärtchen, und zwar so lange, bis alle identifizierten Probleme zur Sprache gekommen sind. Heften Sie die Kärtchen auf die Pinnwand oder an die Tafel. Dabei wird geordnet und geclustert. Somit wird sichtbar, was in der Klasse „brennt" und welche die offensichtlichsten Probleme sind.
4. Finden Sie im nächsten Schritt durch Abfragen, Punktevergabe o. Ä. heraus, mit welchem Problem sich die Gruppe zuerst beschäftigen möchte.

Ⓜ KONFLIKTWOLKE

5. Sobald das als am dringlichsten empfundene Thema identifiziert ist, fordern Sie die Schüler auf, Ideen und Lösungsvorschläge zu liefern. Diese werden gesammelt und in der Klasse diskutiert.
6. Am Ende einigt sich die Gruppe auf ein oder zwei Lösungsschritte und versucht, diese in der nächsten Zeit umzusetzen.
7. Nach einiger Zeit sollte überprüft werden, inwieweit sich etwas zum Besseren geändert hat, ob man andere Lösungsmöglichkeiten ausprobieren möchte oder ob ein anderes Konfliktfeld behandelt werden soll.

S KOOPERATIVER SESSELTANZ

Kategorie:

Material: je Schüler ein Stuhl, Musik, Abspielgerät

Dauer: 15 Min. +

Teilnehmer: ganze Klasse / Schülergruppe

So geht's:

Viele kennen dieses Spiel unter dem Namen „Reise nach Jerusalem", wobei bei dieser Variante aber niemand ausscheidet. Kooperation und Rücksicht sind angesagt! Klären Sie vorher, ob alle mit der gegenseitigen Berührung einverstanden sind.

1. Es wird ein Stuhlkreis mit den Sitzflächen nach außen gebildet.
2. Die Teilnehmer laufen während der Musik um die Stühle herum. Wenn sie stoppt, setzt sich jeder schnell auf einen freien Stuhl.
3. Bei der ersten Runde findet jeder Spieler einen Sitzplatz, danach wird Runde für Runde ein Stuhl entfernt. Nun heißt es, sich zu mehreren auf einen Stuhl zu quetschen. Nach ein paar Runden wird klar, dass es nicht darum geht, sich schnell und ohne Rücksicht auf andere hinzusetzen, weil ja ohnehin niemand ausscheidet.
4. Je weniger Stühle im Spiel sind, desto mehr Spieler sitzen aufeinander und es wird immer lustiger! Zum Schluss bleibt eine Menschenschlange übrig.
5. Die Herausforderung liegt also nicht im kompetitiven Element des Ursprungsspiels. Schafft es die Gruppe, dass sie nur drei oder zwei Stühle braucht? Gelingt es eventuell sogar nur mit einem einzigen Stuhl?

Ziel ist es, als Gruppe Stress zu erleben, aber natürlich auch viel Spaß miteinander zu haben und Berührungsängste abzubauen!

S KREISHOCKE

Kategorie:  

Material: keines

Dauer: 5 Min. +

Teilnehmer: 10 +

So geht's:

Bei diesem Spiel handelt es sich um eine schöne Übung nach einer besonders arbeitsintensiven Stunde. Es lässt sich aber auch gut als Tages- oder Wochenabschlussritual einsetzen.

1. Die Gruppe bildet einen möglichst engen Kreis.
2. Auf Ihr Zeichen hin drehen sich alle Teilnehmer nach links, schauen also auf den Rücken der Person vor ihr, und gehen noch zwei oder drei kleine Schritte nach rechts in Richtung Kreismitte.
3. Auf Kommando setzen sich alle langsam auf die Oberschenkel der Person hinter sich und halten sich dabei an den Schultern des Vordermannes fest.
4. Sitzt die Gruppe gemütlich, dann werden dem vorderen Teilnehmer Nacken- und Schulterbereich massiert. Klären Sie vorher ab, ob alle mit gegenseitigen Berührungen einverstanden sind.
5. Schlussendlich kann dieser Sitzkreis sogar versuchen, ein, zwei Schritte im Kreis zu machen, was aufgrund von Stabilitätsproblemen nicht lange möglich sein wird.

KÜSSCHENKREIS

Kategorie: ☺

Material: keines

Dauer: 5 Min. +

Teilnehmer: ganze Klasse / Schülergruppe

So geht's:

Dieses Spiel, bei dem ein Bussi oder Küsschen im Kreis weitergegeben wird, dürfte garantiert für viel Heiterkeit in der Gruppe sorgen und fordert sowohl Konzentration als auch Aufmerksamkeit und aktiviert die Gruppe dadurch.

1. Die Teilnehmer stehen im Kreis. Der Spielleiter dreht sich zum linken Nachbarn und schickt ein angedeutetes Küsschen weiter an seinen Nebenmann.
2. Das Luftküsschen geht nun auf die Reise durch den Kreis. Man übernimmt es vom einen Nachbarn, dreht sich zum anderen und übergibt es an diesen.
3. Dann wird das Doppelküsschen eingeführt. Dabei wendet man sich nicht zum anderen Nachbarn wie bisher, sondern gibt es an die Person zurück, von der es kam, was dazu führt, dass die Runde umgedreht wird. Man entscheidet also, ob man das Küsschen weitergibt oder durch das Doppelküsschen retour schickt.

Variante: Geübte Gruppen können das Küsschen auch quer durch den Kreis schicken.

M S

LACHEN IST GESUND!

Kategorie: ☺ ♡

Material: je Schüler ein DIN-A5-Blatt und ein Stift

Dauer: 45 Min.

Teilnehmer: ganze Klasse / Schülergruppe

So geht's:

Lachen entspannt und macht glücklich.

1. Lassen Sie einen Schüler am Stundenbeginn einen Witz erzählen. Dann stellen Sie die Einstiegsfragen: Was bringt dich zum Lachen? Worüber kannst du lachen? Sammeln Sie ein paar Antworten Ihrer Schüler.
2. Um herauszufinden, welche konkreten Vorgänge sich während des Lachens im Körper abspielen und welche positiven Effekte ein herzhaftes Lachen auf Körper und Psyche hat, gehen die Schüler paarweise zusammen. Sie sollen, auch wenn es nur gestellt ist, versuchen, gemeinsam zu lachen und dabei die jeweilige andere Person genau beobachten.
3. Nach 1, 2 (wahrscheinlich sehr turbulenten) Minuten sollen sie auf einem A5-Blatt notieren, was sich im Körper so alles abspielt, wenn man von ganzem Herzen lacht. Folgende Vorgänge könnten genannt werden:
   - die Augen werden geschlossen
   - der Kopf wird frei
   - der Puls erhöht sich
   - die Nasenlöcher weiten sich
   - die Atmung wird angeregt und das Lungenvolumen erhöht sich durch tiefere Atemzüge
   - es kommt zu einem Wechsel von Muskelanspannung und -entspannung (insgesamt sind beim Lachen über hundert Muskeln aktiv, siebzehn davon im Gesicht)
   - der Herzschlag erhöht sich
   - der Stresspegel sinkt

Dass man sich vor Lachen sogar in die Hose machen kann, liegt an der Entspannung, bei der man kurzfristig sogar die Kontrolle über die Blasenmuskulatur verliert. Kleine Kinder kugeln mitunter am Boden herum, weil die Muskulatur der Beine versagt.

4. Miteinander lachen verbindet – aber nicht immer! Im nächsten Schritt geht es um die Bewusstmachung, dass Lachen ein wichtiger Teil unserer Kommunikation ist und wir damit verschiedene Botschaften transportieren können. Stellen Sie Ihren Schülern folgende Frage: Kann Lachen beim Gegenüber auch etwas Negatives bewirken? Dadurch sollen sie dafür sensibilisiert werden, dass Lachen ...
   - andere Menschen auch verletzen und herabwürdigen kann (Schadenfreude, auslachen).
   - Angst einflößen kann (eine größere Gruppe gegen einen).
   - andere verunsichern kann.
5. Eine einfache Gruppenübung verdeutlicht, wie es sich anfühlt, ausgelacht zu werden. Definieren Sie durch eine Frage eine Zufallsgruppe, z. B. „Wer hat eine Katze zu Hause?" oder „Hat jemand im Juni Geburtstag?". Achten Sie dabei darauf, dass die so zustande gekommene Gruppe aus mindestens drei Schülern besteht, damit niemand allein ausgelacht wird. Diejenigen, die die Frage mit Ja beantworten, stehen auf. Die anderen Schüler bleiben sitzen, zeigen auf die Stehenden und lachen sie aus.
6. In der Reflexionsphase wird dann natürlich auch darüber gesprochen, wie es war, von vielen anderen ausgelacht zu werden. Die Beteiligten reden darüber, wie sie sich dabei gefühlt haben.
7. Um diese Einheit positiv abzurunden, stellen sich alle im Kreis auf. Die Gruppe startet mit einem kleinen Lächeln, dann beginnen alle, leise und in kurzen Abständen zu lachen. Dies steigert sich kontinuierlich, bis alle aus vollem Hals lachen. Schön langsam ebbt die Lachsalve wieder ab, bis ein freundliches Lächeln übrig bleibt und alle fröhlich auseinandergehen.

S LUFTBALLONSOFA

Kategorie:

Material: je Schüler 2 Luftballons und ein paar zusätzliche in Reserve

Dauer: 15 Min. +

Teilnehmer: 6 +

So geht's:
Am Ende dieses Spiels steht die überraschende Erkenntnis, dass Luftballons eine Menge aushalten!

1. Verteilen Sie an alle Schüler zwei Luftballons, die jeder zuerst einmal aufblasen (nicht zu prall) und verknoten soll.
2. Dann teilen Sie die Schüler in Kleingruppen mit ca. sechs bis acht Teilnehmern ein. Aufgabe jeder Gruppe ist es nun, eine Person so auf den Luftballons der Gruppe zu platzieren, dass sie bequem darauf liegen und die Balance halten kann, ohne den Boden zu berühren! Hilfe von außen (stützen, halten) ist nur zu Beginn gestattet.

Natürlich soll das Ganze äußerst vorsichtig vonstattengehen, damit die Ballons heil bleiben. Die Teilnehmer auf dem „Sofa" werden das Ergebnis genießen und mit einer Luftmatratze auf dem Meer vergleichen, vielleicht sogar mit dem Gefühl, zu schweben o. Ä.

Ein Tipp zum Entsorgen der Luftballons am Ende der Unterrichtsstunde: Machen Sie mit einer Schere knapp oberhalb des Knotens einen kleinen Schnitt. Dann entweicht die Luft im Ballon, ohne dass er laut zerplatzt.

Variante und Erweiterung: Sie können auch versuchen, mit Ihren Schülern ein „Stockbett" zu bauen. Dazu schließen Sie zwei Gruppen zusammen. Sobald ein Teilnehmer auf den Luftballons liegt (s. oben), platzieren die anderen Schüler eine weitere Schicht Luftballons auf seinem Körper. Auf diese Schicht legt sich dann vorsichtig ein weiterer Schüler. – Unglaublich, aber es funktioniert!

S LUFTBALLONWANDERUNG

Kategorie: 

Material: je Schüler ein Luftballon und ein paar zusätzliche in Reserve, evtl. Markierungshüte oder sonstige einfache Hindernisse

Dauer: 25 Min. +

Teilnehmer: ganze Klasse / Schülergruppe

So geht's:
Diese Kooperationsübung sollte idealerweise in der Sporthalle oder im Freien durchgeführt werden.

1. Händigen Sie jedem Teilnehmer einen Luftballon aus und weisen Sie die Schüler an, die Ballons aufzublasen und zu verknoten.
2. Dann stellen sich alle hintereinander auf und fixieren ihren Luftballon zwischen dem eigenen Bauch und dem Rücken der vorderen Person. Die Hände werden auf deren Schultern gelegt und ab diesem Zeitpunkt darf der Ballon nicht mehr angefasst werden. Nur die Person ganz vorn in der Reihe darf ihren Ballon festhalten.
3. Nun ist es Aufgabe der Gruppe, eine möglichst lange Strecke hinter sich zu bringen, ohne dass ein Luftballon zu Boden fällt.
4. Nach einigen Versuchen wird das wahrscheinlich schon so gut funktionieren, dass die Gruppe sogar ein paar einfache Hindernisse überwinden, über Stufen gehen oder einen Slalom bewältigen kann.
5. Der gemeinsame Erfolg, sei er noch so klein, steht wie bei vielen anderen Kooperationsaufgaben bei dieser Übung im Vordergrund.

M MEINE INSEL – MEINE GRENZE

Kategorie:

Material: Springseile für die Hälfte der Schüler

Dauer: 45 Min.

Teilnehmer: ganze Klasse/Schülergruppe

So geht's:

Für diese Übung zum Thema „eigene Grenzen definieren" wird etwas Platz benötigt, deshalb sollte sie am besten in der Sporthalle durchgeführt werden.

1. Teilen Sie die Klasse in zwei Gruppen ein. Die Schüler der Gruppe A verteilen sich im Raum und erhalten je ein Springseil. Dieses legen sie kreisförmig auf den Boden und stellen sich hinein. Das Springseil ist nun die Begrenzung ihrer „Inseln".
2. Die Schüler der Gruppe B gehen auf Ihr Zeichen hin im Raum herum. Geben Sie ihnen die Anweisung, immer einen passenden Respektabstand zu den einzelnen „Inseln" und ihren Bewohnern einzuhalten.
3. Im nächsten Schritt fordern Sie die Schüler auf, weniger Abstand zu halten, die Inselgrenzen zu ignorieren und in einen Bereich zu gehen, der den anderen etwas zu nahe ist. Die Teilnehmer der Gruppe A signalisieren dies durch ein Handzeichen oder sagen einfach „Stopp!". Somit geben sie den anderen zu erkennen, dass ihnen die Nähe unangenehm ist.
4. In der nächsten Phase wird Gruppe B aufgefordert, diese Signale zu missachten. Sie sollen Grenzen übertreten, von hinten herangehen, in die Privatsphäre eindringen, das Stopp nicht akzeptieren. Unterbrechen Sie diese Phase nach kurzer Zeit, sie sollte nicht zu lange andauern.
5. Dann kommt es zum Wechsel der Gruppen.
6. Abschließend wird in der Reflexionsphase über die Erfahrungen, Erlebnisse und Emotionen diskutiert. Fazit: Man muss lernen, rechtzeitig „Stopp!" oder „Nein!" zu sagen. Finden Sie mit Ihren Schülern Strategien dazu. Körpersprache, Körperhaltung und Lautstärke helfen hier mit.

Ⓜ MEINEN GEFÜHLEN AUF DER SPUR

Kategorie: ♡

Material: je Schüler ein DIN-A4-Blatt und Stift

Dauer: 45 Min.

Teilnehmer: ganze Klasse / Schülergruppe

So geht's:

Bei dieser methodischen Übung geht es darum, in sich hineinzuhören, Emotionen und Gefühle zu spüren und zu benennen.

1. Schreiben Sie die unten stehenden Satzanfänge an die Tafel. Die Schüler übertragen sie auf ihr A4-Blatt und vervollständigen sie.
   - Ich freue mich wirklich sehr, wenn ...
   - Es macht mich wütend oder ärgerlich, wenn ...
   - Richtig traurig bin ich, wenn ...
   - Ich hasse es, wenn ...
   - So richtig stolz bin (war) ich, ...
   - Was mich echt fröhlich macht, ist ...
   - Schüchtern bin ich, wenn ...
   - Ich habe Angst, wenn ...
   - Es enttäuscht mich, wenn ...
   - Verzweifelt und hilflos bin ich, wenn ...
   - Was mir Kraft gibt und mich stark macht, ist ...
2. Dann wird über jeden Punkt kurz gesprochen. Achten Sie darauf, dass jeder Schüler zu Wort kommt. Sollte jemand über ein Gefühl nicht sprechen wollen, so wird das natürlich akzeptiert. Beim Austausch kommen sicher interessante Dinge, Erfahrungen und Erlebnisse zum Vorschein.

Ⓜ MEINE TRAUMSCHULE

Kategorie:

Material: je Schüler ein DIN-A3-Blatt, Malutensilien

Dauer: 45–90 Min.

Teilnehmer: ganze Klasse/Schülergruppe

So geht's:

Bei diesem interessanten, kreativen Versuch dürfen die Schüler die Schule ihrer Träume zu Papier bringen.

1. Bitten Sie die Schüler am Anfang der Stunde, die Augen zu schließen und Ihnen zuzuhören. Stellen Sie ein paar Einstiegsfragen, um die Kreativität der Schüler anzuregen: „Angenommen, ihr könntet die Schule eurer Träume gestalten. Wie würde sie aussehen? Welche Eigenschaften müssten Schüler und Lehrer mitbringen? Was dürfte dort nicht geschehen? Was muss unbedingt vorhanden sein? Welche Wünsche sollten umgesetzt werden? Wie würde der ideale Schulhof aussehen?"
2. Die Schüler versuchen anschließend, die vor dem geistigen Auge visualisierten Dinge auf dem Zeichenblatt grafisch und kreativ umzusetzen. Beschreibungen der Dinge, die sich grafisch nicht umsetzen lassen, sind ebenfalls möglich. Natürlich kann man der Schule auch einen Namen geben.
3. Nachdem alle ihre Kunstwerke fertiggestellt haben, gibt es eine kleine Vernissage. Die Schüler gehen herum und sehen sich die Traumschulen der anderen an. Danach stellt jeder sein Exponat im Plenum vor.
4. Ziel ist es, positive Anregungen im und für den Schulalltag herauszufiltern. Vielleicht finden sich Aspekte, die tatsächlich realisierbar sind und somit kann zumindest ein kleiner Schritt Richtung Traumschule gemacht werden.

M S MEIN FRIEDENSSCHILD

Kategorie: ♡

Material: je Schüler ein Zeichen- oder DIN-A4-Blatt, Zeichenmaterialien, evtl. Entspannungsmusik, Abspielgerät

Dauer: 45 Min.

Teilnehmer: ganze Klasse / Schülergruppe

So geht's:

Diese Übung liefert einen kreativen Beitrag zum Thema Frieden (z. B. in der Klasse).

1. Jeder Schüler benötigt ein Blatt und Malutensilien.
2. Fragen Sie nun nach, welche Symbole die Schüler kennen, die Gewalt, Krieg, Aggression widerspiegeln. Eventuell führen Sie die Schüler auch ins Zeitalter der Ritter mit ihren Schilden. Was war darauf zu sehen?
3. Im Anschluss fragen Sie nach dem Frieden. Welche Zeichen symbolisieren dieses Thema?
4. Stellen Sie den Schülern nun die Aufgabe, auf ihrem Zeichenblatt ihren eigenen Friedensschild zu entwerfen. Auf dem Friedensschild hat alles Platz, was ihnen zum Thema Eintracht, Friede und Harmonie (in der Klasse, in ihrer Familie, im Freundeskreis) einfällt. Diese kreative Phase kann mit sanfter Entspannungsmusik unterlegt werden.
5. Am Ende werden die kunstvollen Friedensschilde im Plenum präsentiert und eine Zeit lang im Klassenzimmer aufgehängt.

M MEIN HOBBY – VERBAL, NONVERBAL

Kategorie:

Material: je Schüler ein DIN-A4-Blatt und Stift

Dauer: 45 Min.

Teilnehmer: ganze Klasse / Schülergruppe

So geht's:

Die Schüler sollen erkennen, dass Vorträge nicht nur vom gesprochenen Wort abhängig sind, sondern auch vom nonverbalen Verhalten beeinflusst werden.

1. Stellen Sie Ihren Schülern folgende Aufgabe: Alle sollen eine kurze Rede über ihr Lieblingshobby vorbereiten. Die Rede soll beinhalten, wie sie zu ihrem Hobby gekommen sind, wo, mit wem, wieso und wie oft sie es betreiben. Am besten machen sich alle ein paar Notizen auf einem Blatt Papier.
2. Dann teilen Sie die Schüler in 3er-Gruppen ein. In der ersten Runde gibt es drei verschiedene Rollen: den Redner, den Zuhörer und den Beobachter. Jeder muss einmal über sein Hobby sprechen, einmal bei einem Vortrag zuhören und einmal das nonverbale Verhalten des Redners beobachten. Wer als Redner über sein Hobby spricht, soll das voller Begeisterung tun.
3. In der nächsten Runde ist der Ablauf ähnlich, jedoch präsentiert der Redner sein Hobby nun gelangweilt und desinteressiert. Wieder überprüfen die Beobachter das nonverbale Verhalten.
4. Nachdem jeder einmal der Redner war, gibt es eine Feedbackrunde im Plenum. Die Schüler sollen benennen, was ihnen besonders aufgefallen ist. Sie werden erkannt haben, dass Vorträge und Reden – also auch Referate und Präsentationen – beeinflusst werden durch Gestik, Mimik, Körperhaltung, Blicke, Lautstärke, Sprechtempo und Stimmlage.
5. Mit älteren Schülern kann man auch auf die politische Ebene gehen und Reden von Politikern in Hinsicht auf das nonverbale Verhalten analysieren. Sie sollen erkennen, welche – teilweise auch manipulative – Wirkung diese Art der Kommunikation haben kann.

M MEIN KÖRPER, MEINE GEFÜHLE

Kategorie: 

Material: mehrere Packpapierbögen oder eine große Papierrolle, Stifte

Dauer: 45 Min.

Teilnehmer: ganze Klasse / Schülergruppe

So geht's:

Die Themen Körper und Gefühle können hier plakativ visualisiert werden.

1. Mehrere Packpapierbögen werden zu Schülergröße zusammengeklebt, alternativ kann man einfach ein passendes Stück von einer großen Papierrolle abschneiden.
2. Teilen Sie die Schüler in 4er-Gruppen ein. Jede Gruppe soll die Umrisse einer Person auf das Papier zeichnen. Außerdem werden Mund, Augen, Ohren, Nase und Herz ergänzt.
3. Anschließend teilt man den Körper durch einen senkrechten Strich vom Kopf abwärts in zwei Hälften.
4. Wenn das geschehen ist, schreibt die Gruppe in die rechte Hälfte alles, was ihnen nicht gefällt, was sie schlecht findet z. B. Hass, Krieg, streiten, schimpfen, traurig, böse … Selbiges, nur mit positiv besetzten Wörtern, angenehmen Gefühlen usw. passiert auf der linken Hälfte, der Herz-Seite (Mutter, Freundschaft, helfen, lieben, nett, höflich …). Die grafische Umsetzung, evtl. auch eine (witzige) Namensgebung, obliegt den jeweiligen Gruppen.
5. Nachdem die Werke von den einzelnen Teams präsentiert wurden, kommt es in der Reflexionsphase zu einem Austausch im Plenum.

Ⓜ MEIN SCHATZ

Kategorie: ♡

Material: je Schüler ein besonderer, persönlicher Gegenstand (muss aber von den Schülern mitgebracht werden)

Dauer: 45 Min.

Teilnehmer: ganze Klasse / Schülergruppe

So geht's:
Die Vorstellung der gehüteten Schätze dient auch als tiefere Kennenlernübung für Schüler am Ende der Primar- und am Anfang der Sekundarstufe I.

1. Bitten Sie die Schüler, ihren persönlichen „Schatz", ihr besonderes „Heiligtum" in die Schule mitzunehmen.
2. Diese Gegenstände müssen nicht von großem finanziellen Wert sein, sondern sie sollen etwas ganz Besonderes für den Einzelnen darstellen. Dies könnte z. B. Folgendes sein:
   - eine Erinnerung an jemanden in der Familie (Brief, Foto ...)
   - ein Geschenk eines Freundes
   - ein Urlaubsandenken
   - etwas Selbstgemachtes (Foto, Bild, Bastelei)
   - etwas ganz Banales, von dem man nicht loskommt oder an dem man sehr hängt (alter Teddy, Kappe etc.)
3. Nachdem die Dinge meist eng mit dem persönlichen Leben der Schüler zu tun haben, fällt es ihnen vermutlich auch leicht, darüber zu reden. So stellen alle Schüler ihre Schätze kurz vor und begründen, weshalb ihnen diese Gegenstände so wichtig sind. Materielles wird in diesem Fall in den Hintergrund treten, andere Werte kommen zum Vorschein.
4. In der Reflexionsrunde kann man daran anknüpfen und mit den Schülern darüber diskutieren, was wirklich wichtig ist im Leben.

S MOMENTAUFNAHMEN

Kategorie: ♡

Material: keines

Dauer: 45 Min.

Teilnehmer: ganze Klasse / Schülergruppe

So geht's:

Es sollen einfache Standbilder zu besonderen Erlebnissen in Gruppen dargestellt werden.

1. Teilen Sie die Schüler in 3er- oder 4er-Gruppen ein.
2. Jede Gruppe hat die Aufgabe, Standbilder zu erstellen, die besonders emotionale Situationen in ihrem eigenen Leben zeigen. Für jede Person in der Gruppe soll ein eigenes Bild einstudiert werden.
3. Nach der Vorbereitungszeit von mindestens 10 Minuten zeigt nun jede Gruppe ihre Standbilder. Bei jedem präsentierten Bild raten die anderen, was sie sehen, wo das sein könnte und um welche Situation es sich handeln könnte, z. B. Zeugnisverteilung, Geburtstagsfeier, Party, Begräbnis, im Schwimmbad etc.
4. Spielfreudige Gruppen kann man als Erweiterung insofern fordern, dass sie auf Zuruf aus dem Freeze heraus die Situation zum Leben erwecken lassen und anspielen.

Als nächste Übung bieten sich die „Konfliktstandbilder“ (S. 95) an.

MOSKITO – HENNE – TIGER

Kategorie: ☺
Material: keines
Dauer: 10 Min. +
Teilnehmer: ganze Klasse / Schülergruppe

So geht's:

Bei diesem Spiel mit minimal-taktischem Kalkül handelt es sich um eine veränderte Form von „Schere – Stein – Papier". Die Besonderheit liegt darin, dass dabei zwei Gruppen gegeneinander spielen.

1. Teilen Sie die Schüler in zwei Gruppen ein. Beide Gruppen stehen sich in einem Abstand von ca. zwei Metern gegenüber.
2. Sie beraten sich im Team, welches der drei Tiere sie auf Ihr Zeichen hin alle gemeinsam zeigen werden, wobei es folgende Regelung gibt: Der Moskito sticht den Tiger, der Tiger frisst die Henne und die Henne pickt den Moskito auf.
3. Nachdem sich beide Teams geeinigt haben, treten sie sich gegenüber. Zählen Sie bis drei. Bei drei zeigen alle das gewählte Tier, wobei der Tiger laut brüllt und faucht, die Henne flattert und gackert und der Moskito summt und umherschwirrt!
4. Das Team, das zuerst 3-mal gewonnen hat, ist Sieger. Bei einem Unentschieden sollen die Schüler entscheiden, wie verfahren wird: Wiederholung, jedes Team bekommt einen halben oder einen ganzen Punkt.

Ⓜ MUT TUT GUT – ZIVILCOURAGE BEWEISEN

Kategorie: ⚡ ♡

Material: Bild der drei Affen (nichts sehen, nichts hören, nichts sagen)

Dauer: 45 Min.

Teilnehmer: ganze Klasse/Schülergruppe

So geht's:

Eintreten für andere ist nicht immer einfach. Ab und zu würde es aber schon genügen, eine konfliktträchtige Situation anzusprechen und damit anderen zu Hilfe zu kommen.

1. Steigen Sie mit einem Foto oder einer Zeichnung der bekannten drei Affen in das Thema an. Bitten Sie die Schüler, zu beschreiben, was sie sehen und was damit gemeint sein könnte.
2. Erarbeiten Sie gemeinsam, dass gerade durch das Nichtstun und Wegsehen, wenn Unrecht passiert, andere in Gefahr und zu Schaden kommen können. Viele Menschen schauen in solchen Situationen bewusst weg, wollen sich nicht in fremde Angelegenheiten mischen, glauben, ohnehin nichts ändern zu können, wollen sich selbst nicht schaden oder in Gefahr bringen oder schieben andere Gründe vor.
3. Stellen Sie die Frage, in welchen Situationen man in irgendeiner Art und Weise eingreifen sollte bzw. was man im konkreten Fall tun könnte. Lesen Sie die unten stehenden konfliktträchtigen Situationen eine nach der anderen vor. Die Schüler sollen jeweils in 2er-Gruppen überlegen, wie man helfend eingreifen könnte, ohne sich selbst zu gefährden oder zwischen die Fronten zu geraten.
   - Situation 1: Nicht zum ersten Mal gehen ältere Schüler auf einen jüngeren los und wollen ihm etwas wegnehmen (Süßes, Geld etc.).
   - Situation 2: Ein Mädchen wird von zwei Jungs aufgefordert, ihren Platz im Schulbus frei zu machen. Nachdem sie das nicht tut, leeren die beiden ihre Schultasche aus.
   - Situation 3: In der Sportstunde macht sich der beste Sportler der Klasse zum wiederholten Male über deinen Freund lustig, weil er nicht weit springen kann.

- Situation 4: In der Mittagspause holst du dir mit deinen beiden Freundinnen ein Eis vom Supermarkt. Dabei beobachtest du, wie eine der beiden etwas in ihre Jackentasche steckt.
- Situation 5: In der großen Pause machen sich einige aus deiner Klasse, so wie jeden Tag, über die beiden neuen Türkinnen mit ihren Kopftüchern lustig und ziehen sogar daran.
- Situation 6: Marco entdeckt auf der privaten Homepage von Tims Mutter ein Kindheitsfoto von ihm, das ihn im Alter von etwa fünf Jahren nackt zeigt. Er steht am Strand und ist mit weißer Sonnencreme bedeckt. Was damals lustig war, wird zum Bumerang für Tim, weil Marco das Foto allen anderen Klassenmitgliedern zukommen lässt. Am nächsten Tag ist er das Gespött der ganzen Schule.

S OH JA!-SPIEL

Kategorie: ☺

Material: keines

Dauer: 10 Min. +

Teilnehmer: ganze Klasse / Schülergruppe

So geht's:

Diese witzige Aktivierungsübung findet im Kreis statt und bringt schnell Bewegung in die Klasse.

1. Alle stehen im Kreis.
2. Eine Person beginnt, indem sie z. B. sagt: „Lasst uns alle im Stand traben."
3. Sofort gehen alle Teilnehmer auf den Impuls ein, rufen laut: „Oh, jaaa!", und üben die vorgeschlagene Tätigkeit aus.
4. Nachdem dies kurz geschehen ist, schlägt der nächste Schüler etwas anderes vor etc.

(S) PARTNERDUFT

Kategorie:

Material: einige unterschiedliche Düfte zum Aufsprühen oder auch Duftöle, mind. 11 Halstücher o. Ä., eventuell eine Augenbinde

Dauer: 15 Min. +

Teilnehmer: ganze Klasse / Schülergruppe

So geht's:

Es folgt eine witzige Übung für den Geruchssinn. Sie funktioniert allerdings nur mit einer geraden Teilnehmerzahl.

1. Eine freiwillige Person ist der „Bräutigam", der den Raum verlässt. Teilen Sie den Rest der Gruppe in 2er-Teams ein, sodass ein Schüler übrig bleibt. Dieser ist nun die „Braut", die der „Bräutigam" finden muss.
2. Verteilen Sie Halstücher an alle. Besprühen Sie nun die Tücher der Paare mit jeweils einem eigenen Duft. Für elf Personen braucht man also sechs unterschiedliche Gerüche, denn lediglich die „Braut" erhält einen Duft, der nur ein einziges Mal in der gesamten Gruppe vorkommt.
3. Wenn das geschehen ist und alle ihr Tuch um den Hals gebunden haben, wird der „Bräutigam" hereingerufen. Seine Aufgabe ist es nun, die Paare zu erriechen und richtig zusammenzustellen. Die Person, die am Ende übrig bleibt, ist seine „Braut".

S PLATZ IST IN DER KLEINSTEN HÜTTE

Kategorie:
Material: ein alter Fahrradschlauch
Dauer: 10 Min. +
Teilnehmer: 10 +

So geht's:
Mit diesem Spiel stärkt man den Zusammenhalt einer Gruppe: Niemand wird ausgeschlossen, jeder findet seinen Platz.

1. Alle Mitspieler stellen sich im Kreis auf und halten einen alten Fahrradschlauch in Hüfthöhe.
2. Ein Schüler beginnt und steigt in den Fahrradschlauch. Danach kommt ein zweiter dazu, ein dritter usw. Ziel ist es, alle Mitspieler innerhalb des Schlauches zu versammeln. Dabei ist es wichtig, dass die Schüler den Schlauch immer weiter nach außen dehnen, damit auch wirklich alle Platz finden.

S PLATZTAUSCH

Kategorie:  

Material: je 8–10 Teilnehmer 2 Bänke

Dauer: 10 Min. +

Teilnehmer: 8 +

So geht's:

Gefragt sind Geschicklichkeit und gute Zusammenarbeit. Bei dieser Übung empfiehlt es sich, in die Sporthalle zu gehen.

1. Teilen Sie die Schüler in Gruppen zu jeweils vier oder fünf Teilnehmern ein. Stellen Sie zwei Gymnastikbänke der Länge nach aneinander. Nun sollen sich die beiden Gruppen jeweils hintereinander auf ein Ende der Bänke stellen.
2. Die Aufgabe lautet nun, dass die beiden sich gegenüberstehenden Gruppen die Plätze tauschen sollen. Dabei darf niemand die Bänke verlassen.
3. Wie die Gruppen das Problem lösen, ist ihnen überlassen. Wichtig ist nur, dass niemand hinunterfällt. Zudem muss der äußerste Teilnehmer von links am Ende wieder ganz außen rechts stehen etc.

Variation: In der Klasse kann das Spiel insofern durchgeführt werden, dass man acht bis zehn Stühle in einer Reihe aufstellt. Dabei sollten sie aber zur Sicherheit mit den Lehnen an der Wand entlang gestellt werden, damit ein Umkippen vermieden wird.

Ⓜ Recht haben

Kategorie:  

Material: keines

Dauer: 45 Min.

Teilnehmer: ganze Klasse / Schülergruppe

So geht's:

Recht haben als Thema kann in einfacher Form schon ab der Sekundarstufe I behandelt werden.

1. Fragen Sie Ihre Schüler, was ihnen alles zum Wort „Recht" einfällt. Es könnte z. B. Recht sprechen, Richter, Gericht, rechthaberisch usw. genannt werden.
2. Leiten Sie dann über zum eigentlichen Thema der Stunde – Recht haben. Gespräche und eine intensivere Beschäftigung mit dem Thema bieten sich besonders in den Klassen an, in denen oft gestritten wird. Meistens geht es um Macht in irgendeiner Form und damit verbunden darum, Recht haben zu wollen.
3. Beginnen Sie, mithilfe der unten stehenden Fragen eine Diskussion und einen Meinungsaustausch in Gang zu setzen.
   - Wann hattest du zuletzt Recht?
   - Wie war dein Gefühl, als du in einem Konflikt (nicht) Recht hattest?
   - Wem nützt es, wenn man Recht hat?
   - Welchen Preis zahlt man manches Mal dafür, Recht zu behalten? Welche Auswirkungen hat das auf die Beziehungen zu anderen Menschen?

Ⓜ REIF FÜR DIE INSEL?

Kategorie:  

Material: je Gruppe ein DIN-A3- oder DIN-A2-Plakat

Dauer: 45 Min.

Teilnehmer: ganze Klasse / Schülergruppe

So geht's:

Bei dieser Übung geht es um das gemeinsame Erarbeiten von Regeln und die Erkenntnis, dass Prozesse und Ergebnisse in der Gruppe besser gelingen.

1. Teilen Sie die Klasse in Gruppen von jeweils vier bis sechs Personen ein.
2. Präsentieren Sie Ihren Schülern folgendes Szenario: Nach einem Schiffbruch befindet sich eine Gruppe von 25 Menschen für unbestimmte Zeit auf einer unbewohnten Insel. Abgesehen von Trinkwasser und Früchten, die reichlich vorhanden sind, gibt es nur einen begrenzten Lebensmittelvorrat. Feuermachen ist möglich, weil es Streichhölzer gibt.
3. Was fehlt, sind Regeln und Vorschriften, von denen die Gruppe glaubt, dass sie ihnen helfen könnten, die Zeit bis zu ihrer Rettung zu überstehen. Diese Vereinbarungen werden zuerst im Brainstorming in den Kleingruppen gesammelt und auf einem Plakat zusammengefasst.
4. Wenn alle damit fertig sind, präsentiert jede Kleingruppe ihre Regeln. Im Anschluss folgt eine Diskussion über die Auswahl der Regeln: Gab es welche, die allen Gruppen wichtig waren? Welche erscheinen nur wenigen Gruppen wichtig und warum haben sie für die anderen keine große Bedeutung etc.
5. Abschließend kann in einer Reflexionsrunde über den gemeinsamen Entscheidungsprozess diskutiert werden. Folgende Fragen könnten dabei relevant sein:
   - Wie kam die Einigung in der Gruppe zustande?
   - Wie hat die Gruppenarbeit funktioniert?
   - Wie könnte man es schaffen, dass die Regeln auch tatsächlich eingehalten werden?

S RIESENSCHLANGE

Kategorie:

Material: keines, evtl. Augenbinden

Dauer: 15 Min. +

Teilnehmer: 10 +

So geht's:

Dies ist eine ideale Übung, um gemeinsam in eine Pause zu gehen. Auffallen wird die Menschenschlange ganz bestimmt, wenn sie sich langsam den Weg durch das Gebäude oder ins Freie bahnt!

1. Die Gruppe stellt sich hintereinander auf. Jeder Schüler legt seine Hände auf die Schultern des jeweiligen Vordermannes.
2. Alle Schüler schließen die Augen – mit Ausnahme von Kopf und Schwanz der Schlange (vorderster und hinterster Teilnehmer). Diese beiden führen nun die anderen sicher vom Klassenraum oder der Sporthalle etc. in die Pause (auf den Schulhof, in die Mensa, das Schulcafé, den Schulgarten etc.).

Anmerkung: Der Kopf der Schlange muss sehr langsam gehen. Besondere Vorsicht gilt bei Treppen! Besteht die Schlange aus sehr vielen Leuten, sollten sicherheitshalber links und rechts davon noch Aufpasser mitgehen. Ihre Aufgabe ist es, bei Ecken und Stufen darauf zu achten, dass nichts passiert. Am Ende kommt es zum Austausch der Erfahrungen.

ROBOTER-STEUERUNG

Kategorie: 

Material: Hindernisse unterschiedlichster Art, evtl. Augenbinden

Dauer: 20 Min. +

Teilnehmer: 10 +

So geht's:

In dieser Übung geht es darum, Vertrauen aufzubauen, sich führen zu lassen und selbst Verantwortung zu übernehmen.

1. Die Gruppe wird halbiert, eine Hälfte geht aus dem Raum (sie sind die Roboter), die anderen Teilnehmer (die Techniker) bauen nun einen Parcours mit Hindernissen (in der Klasse z. B. aus Rucksäcken, Mappen, Sesseln, Tischen; bzw. in der Turnhalle aus Hüten, Reifen, Langbänken etc.).
2. Jedem Techniker wird nun einer der Roboter (die draußen warten) zugeordnet.
3. Der Techniker bringt nun seinen Roboter, der die Augen geschlossen oder verbunden hat, zum Start.
4. Während nun also alle Roboter gleichzeitig unterwegs sind (mehr als fünf sollten es nicht sein), rufen ihnen ihre Techniker ständig zu, wie schnell sie sich bewegen sollen, ob sie nach links oder rechts gehen müssen, wie weit es zu einem Hindernis ist usw. Je nachdem, wie groß der Raum ist und wie viele mitspielen, kann der Techniker fest in der Mitte des Raums stehen oder vor bzw. neben seinem Roboter laufen und Anweisungen geben – natürlich nur, ohne andere zu behindern.
5. Das Spiel ist zu Ende, wenn alle Roboter den Parcours überwunden haben und am Ziel angekommen sind.

Variante 1: Dasselbe Spiel kann auch mit Wettbewerbscharakter durchgeführt werden: Die Zeit eines Paares wird gestoppt, es gibt Punktabzug für Berührungen bzw. Verrücken von Hindernissen.

Variante 2: In der Turnhalle können auch zwei bis vier Bahnen aufgebaut werden, auf denen mehrere Paare gleichzeitig gegeneinander antreten. Das ist deutlich schwieriger, weil mehrere Techniker Anweisungen rufen.

S RÜCKWÄRTS IN DAS NETZ

Kategorie:
Material: Tisch oder Turnkasten
Dauer: 20 Min. +
Teilnehmer: 10 +

So geht's:
Diese Kooperationsaufgabe und Vertrauensübung stellt eine echte Mutprobe dar! Sie sollte nur mit Gruppen durchgeführt werden, die man sehr gut kennt und auf die man sich absolut verlassen kann.

1. Die Teilnehmer nehmen Armbänder, Uhren und Ringe ab.
2. Dann stellen sie sich paarweise am Ende eines Tisches oder Turnkastens mit dem Gesicht zueinander auf. Die Teilnehmer stehen also in zwei Reihen, eng aneinandergerückt.
3. Die Paare halten sich nun an den Unterarmen oder Handgelenken des jeweiligen Partners fest bzw. nutzen den Rautekgriff (eine Hand am eigenen Unterarm, die freie Hand an den angewinkelten Unterarm des Partners gegenüber), sodass eine richtig feste Verbindung entsteht. Den Kopf halten sie leicht nach hinten.
4. Ein Teilnehmer stellt sich danach auf das Tisch- oder Turnkastenende, und zwar mit dem Rücken zur auffangenden Gruppe. Bevor er sich fallen lasst, fragt er nach, ob alle bereit sind für diese Mutprobe: Ready? – Yes!
5. Dann lässt sich der Teilnehmer gestreckt und gespannt rückwärts in das Netz der anderen fallen. Wichtig ist das Anspannen aller Muskeln. Hände und Arme anlegen. Nicht in der Hüfte abknicken (sonst liegt das Hauptgewicht beim Po, und wenn die Gruppe nicht fest genug hält, könnte der Teilnehmer eventuell durchrutschen).

RÜCKWÄRTS IN DAS NETZ

Anmerkungen:

- Scherze oder Blödeleien dürfen bei diesem Spiel auf gar keinen Fall geduldet werden. Alle Teilnehmer müssen konzentriert und bei der Sache sein, weil sie für die Sicherheit der fallenden Person verantwortlich sind!
- Ich habe diese Übung schon mehrere Male mit Gruppen, die ich für vertrauensvoll genug gehalten habe, probiert und nur gute Erfahrungen gemacht. Es gibt immer ein paar Mutige, die die Übung vorzeigen wollen und dann den anderen Teilnehmern die Angst nehmen.

  Natürlich ist es legitim, wenn jemand auf diese Mutprobe verzichten will, aber ermutigen Sie als Spielleiter alle, sich an die Übung heranzuwagen. Und es ist durchaus anzuraten, dass auch der Spielleiter dieses Wagnis eingeht, wenn es die Gruppe einfordert. Tun Sie es, Sie werden von Ihrer Gruppe ganz bestimmt aufgefangen werden.

S SAGENUMWOBENER TEPPICH

Kategorie:

Material: 2 Decken, Planen oder Folien

Dauer: 10 Min. +

Teilnehmer: 12 +

So geht's:

Eine weitere Aufgabe, bei der man sich immer näher kommt und die ein wenig Körperkontakt beinhaltet.

1. Die Gruppe teilt sich in Teams mit jeweils 5-10 Personen. Jedes Team bekommt einen „sagenumwobenen fliegenden Teppich“ in Form einer Decke, breitet diese auf dem Boden aus und stellt sich darauf.
2. Anschließend erklärt der Spielleiter, dass es mit dem Teppich Probleme gibt und er aus Sicherheitsgründen verkleinert werden muss. Nun versuchen die Teams, die Decke zuerst halb so groß, dann sukzessive so klein wie möglich zu falten, ohne dass ein Gruppenmitglied hinuntersteigt. Als Sicherheitsregel gilt: Andere Teilnehmer auf die Schultern zu nehmen (o. Ä.), ist verboten.
3. Sieger ist die Gruppe mit dem kleinsten Platzbedarf und allen Teilnehmern auf dem „Teppich“. (Für fünf Teilnehmer kann man ca. 1 m^2 Decke berechnen.).

Variante 1: Der Spielleiter kann auch die Geschichte vom Rettungsboot und dem rettenden Wendemanöver erzählen: Die Gruppe ist in Seenot geraten, konnte aber zu einem Rettungsboot (der Decke) gelangen. Allerdings gibt es zwei Probleme: Erstens treibt das Boot mit der Seite nach oben auf dem Meer. Das zweite Problem sind die gefährlichen Haie. Das heißt: Zeit ist kostbar. Die Teilnehmer haben daher die Aufgabe, die Decke, auf der sie stehen, vollständig umzudrehen. Dabei darf niemand die Decke verlassen, um nicht zu ertrinken oder ein Opfer der Haie zu werden. Es gilt also, möglichst schnell Strategien zu entwickeln und diese auszuprobieren, um das Boot wieder in die richtige Position zu bekommen. Berührt ein Teammitglied mit einem Körperteil den Boden, muss das Team von vorne beginnen.

Variante 2: Anstelle der Decke können die Teams auch alte Zeitungen bekommen, die sie nach und nach kleiner reißen oder ebenfalls falten müssen.

Variante 3: Steht die Sporthalle für den Spielzeitraum zur Verfügung, kann auch mit Sportmatten gespielt werden. Die Teilnehmer erhalten zunächst die größte in der Sporthalle vorhandene Matte als „fliegenden Teppich". Da der Teppich jedoch während des Fluges schrumpft, müssen die Teilnehmer nach und nach auf immer kleinere Matten umsteigen, ohne dass dabei jemand „abstürzt". Der Vorteil an dieser Variante: Es können größere Teams gebildet werden, da die Matten deutlich mehr Platz als eine Decke bieten.

Anmerkungen:

- Je mehr Personen in einer Kleingruppe sind, desto größer sollte die Decke sein. Die Faustregel lautet: Der Teppich sollte so groß sein, dass sich alle Teammitglieder daraufstellen können, und so klein, dass sie sich dabei gegenseitig berühren.
- Achten Sie von Beginn an darauf, dass die Teilnehmer vorsichtig agieren, und dulden Sie keinerlei Unsinn.
- Wichtig ist es, der Gruppe nicht schon zu Beginn Tipps zu geben. Gemeinsames Scheitern bringt Dynamik ins Spiel. Besser ist es, wenn die Gruppe selbst erst einmal Überlegungen anstellt, wie sie erfolgreich sein konnte.

S SCHATTEN-SPIEL

Kategorie: ♡

Material: keines

Dauer: 10 Min. +

Teilnehmer: 10 +

So geht's:

Diese Übung zeigt, wie einfach es sein kann, andere wahrzunehmen, ohne sie zu sehen.

1. Bilden Sie mit Ihren Schülern einen Stuhlkreis.
2. Suchen Sie sich ein oder zwei Freiwillige (je nach Gruppengröße), die den „Schatten" spielen wollen.
3. Die Schatten treten aus dem Stuhlkreis heraus. Alle anderen schließen die Augen und die Schatten gehen möglichst leise um den Stuhlkreis herum und stellen sich irgendwann hinter eine Person.
4. Sobald die Schatten ihre Position gefunden haben, fragen Sie die anderen, ob jemand das Gefühl hat, dass der Schatten hinter ihm oder in unmittelbarer Nähe steht.
5. Die Teilnehmer, bei denen das der Fall ist, heben die Hand. Geben Sie das Zeichen, dass alle die Augen wieder öffnen dürfen und überprüfen können, wie gut ihr Gespür war. Meist wird man bemerken, dass es erstaunlich gut funktioniert.

SCHRITT FÜR SCHRITT

Kategorie:

Material: ausgeschnittene Kärtchen dieser Übung (s. Kopiervorlage auf S. 131–133)

Dauer: 10 Min. +

Teilnehmer: ganze Klasse / Schülergruppe

So geht's:
Dieses Spiel widmet sich nicht nur ganz dem sozialen Aspekt, es macht vor allem auch großen Spaß!

1. Die Klasse versammelt sich im Stuhlkreis.
2. Teilen Sie alle Kärtchen aus. Jeder Schüler sollte zumindest eines erhalten.
3. Auf jedem Kärtchen gibt es zwei Informationen. Die obere, kursiv geschriebene bezieht sich auf das gerade Gesehene oder Gesagte, also das, was unmittelbar vorher passiert ist. Die fett gedruckten Sätze darunter sind Aufgaben, die der Kärtcheninhaber unmittelbar danach ausführen muss.
4. Das einzige Kärtchen, auf das dies nicht zutrifft, kennzeichnet den Anfang des Spiels. Auf diesem steht: „Du beginnst."
5. Dann geht es Schritt für Schritt von Aufgabe zu Aufgabe. Es geht um Konzentration und darum, miteinander Spaß zu haben.
6. Damit keine Fehler im Ablauf passieren, ist es ratsam, dass Sie sich die nachfolgenden drei Seiten zusätzlich kopieren und auf der Liste mitlesen, um evtl. helfend eingreifen zu können.

SCHRITT-FÜR-SCHRITT-ÜBUNG 1/3

Du beginnst: Klatsche 3-mal in die Hände und sage: „Jetzt geht's los, Leute!"	Jemand hat 3-mal in die Hände geklatscht und „Jetzt geht's los, Leute!" gesagt. **Stelle dich in den Kreis. Rufe: „Können wir das schaffen?" (gemeinsame Antwort aller: „Ja! Wir schaffen das!")**	Jemand hat in der Mitte des Kreises gefragt, ob ihr das schaffen könnt. **Schreie: „Hurra!" und schüttle fünf Leuten die Hände.**
Jemand hat „Hurra!" gerufen und fünf Leuten die Hände geschüttelt. **Sage: „Wir sollten uns alle bemühen, eine gute Gemeinschaft zu werden!" Schreibe das Wort „Gemeinschaft" an die Tafel.**	Jemand hat das Wort „Gemeinschaft" an die Tafel geschrieben. **Hüpfe erfreut eine Runde im Kreis herum und schreibe dann „Gemeinsam sind wir stärker!" an die Tafel.**	Jemand ist herumgehüpft und hat „Gemeinsam sind wir stärker" an die Tafel geschrieben. **Steige auf einen Stuhl und bitte deine beiden Nachbarn, dir beim Runterspringen zu helfen.**
Jemand ist auf einen Stuhl gestiegen und mit Hilfe wieder hinuntergesprungen. **Sage: „Aber das ist doch leicht, das können ja alle! Steigt alle auf die Stühle!" Alle sollen das tun.**	Alle sind auf die Stühle gestiegen. **Sage: „Na bitte. Also nun alle gemeinsam bei drei hinunterspringen. Eins, zwei, drei!"**	Alle sind bei drei von ihren Stühlen gesprungen. **Rufe: „Bravo! Wir sind großartig!" Klopfe deinem Nachbarn anerkennend auf die Schultern.**
Jemand hat „Bravo!" gerufen und seinem Nachbarn auf die Schultern geklopft. **Sage: „Was anderes ist auch noch wichtig." Öffne ein Fenster und schreie hinaus: „Seid freundlich!"**	Jemand hat ein Fenster geöffnet und hinausgerufen: „Seid freundlich!" **Rufe: „Genau! Keine Gewalt in der Klasse!" Gehe zu einer Person im Kreis, stelle dich vor sie hin und boxe wie ein Irrer in die Luft.**	Jemand mag keine Gewalt in der Klasse und hat wie ein Irrer vor einer Person geboxt. **Sage: „Das finde ich auch! Der Friede sei mit uns!" Gehe zu einer Person in der Klasse und umarme sie.**

ISBN 978-3-8346-4222-6 | www.verlagruhr.de

Jemand möchte Frieden und hat jemand anderen umarmt.

Sage: „Und das heißt natürlich auch – niemanden beschimpfen!“ Gehe zur Tafel und zeichne ein Herz auf.

Jemand hat ein Herz an die Tafel gezeichnet.

Sage: „Richtig! Lasst uns stattdessen viel Spaß miteinander haben.“ Hüpfe dann eine Runde auf einem Bein.

Jemand ist eine Runde auf einem Bein gehüpft.

Sage: „Ja, zum Beispiel miteinander singen.“ Singe oder pfeife ein Kinderlied.

Jemand hat ein Kinderlied gesungen oder gepfiffen.

Schüttle der Person, die das getan hat, die Hände und sage: „Gratuliere!“

Jemand hat einer anderen Person die Hände geschüttelt und ihr gratuliert.

Sage: „Wenn es Probleme gibt, lasst uns reden!“ Gehe eine Runde und sage dabei andauernd: „Blablabla ...“

Jemand ist im Kreis herumgegangen und hat „Blablabla ...“ gesagt.

Gehe zu jemandem, nimm die Person bei den Schultern, schüttle sie und sage: „Genau, denn Streiten bringt nichts!“

Jemand hat jemand anderen bei den Schultern genommen. Er sagt, dass Streiten nichts bringt.

Sage: „Liebe statt Hiebe!“ Gib jemandem einen Kuss auf die Wange oder schick einen Handkuss.

Jemand hat einer Person einen Kuss auf die Wange gegeben oder einen Handkuss geschickt.

Sage: „Wir müssen uns gegenseitig helfen.“ Gehe zu einer Person, nimm sie huckepack, mache eine Runde mit ihr.

Jemand hat wen anderen huckepack genommen.

Sage: „Wow! Das war toll. Das kann ich auch.“ Nimm auch wen huckepack.

Es wurde eine zweite Person huckepack genommen.

Gehe zu jemanden im Kreis, drehe diese Person um, sodass sie mit dem Rücken zu den anderen steht, und sage: „So!“

Jemand hat eine Person umgedreht, sodass sie mit dem Rücken zu den anderen steht und „So!“ gesagt.

Gehe zu dieser Person hin, drehe sie wieder um und sage: „Es darf keine Außenseiter geben!“

Jemand hat wen anderen wieder umgedreht und findet, dass es keine Außenseiter geben darf.

Gehe zum „Außenseiter“, der umgedreht wurde, und streiche ihm sanft über den Kopf. Sage: „Wir mögen dich!“

ISBN 978-3-8346-4222-6 | www.verlagruhr.de

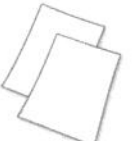

SCHRITT-FÜR-SCHRITT-ÜBUNG 3/3

Jemand hat einer Person über den Kopf gestrichen und gesagt, dass sie alle mögen. **Gehe zur Lehrkraft und sage: „Die Übung ist super!“**	Jemand ist zur Lehrkraft gegangen und findet die Übung super. **Klatsche einmal auf deine Oberschenkel und einmal in die Hände und sage: „Ich glaube, es reicht jetzt!“**	Jemand hat auf die Oberschenkel und in die Hände geklatscht und findet, dass es jetzt reicht. **Sage: „Ja, Schluss jetzt. Gebt mir eure Karten!“ Fange beim Nachbarn an mit dem Einsammeln.**
Jemand hat „Schluss jetzt“ gesagt und sammelt die Karten ein. **Sage: „Ja, gebt ihm/ihr eure Karten und bitte noch einen großen Applaus für sie/ihn.“**		

ISBN 978-3-8346-4222-6 | www.verlagruhr.de

SESAM, ÖFFNE DICH

Kategorie: ♡
Material: keines
Dauer: 10 Min. +
Teilnehmer: ganze Klasse / Schülergruppe

So geht's:
So wie einst Ali Baba bei den vierzig Räubern den geheimen Zugang der Höhle finden musste, müssen die Schüler bei diesem Spiel Zugang zu der „Burg" erlangen.

1. Teilen Sie die Schüler in 2er-Teams ein, wobei einer A und einer B ist. Alle Personen mit dem Buchstaben B müssen kurz hinaus oder begeben sich zumindest außer Hörweite.
2. Die Teilnehmer der Gruppe A bilden einen Kreis, halten sich an den Händen und bilden so die „orientalische Burg". In gemeinsamer Absprache einigen sie sich nun leise auf einen Punkt ihres Körpers, der es den anderen ermöglicht, Zugang zu der Burg zu erhalten (z. B.: Nasenspitze, rechte Schuhspitze etc.).
3. Dann gehen alle Mitglieder der Gruppe B zu ihrem jeweiligen Partner in der Burg und versuchen, durch genaues Tasten den geheimen Punkt am Körper zu finden. Nur dann erlangen sie Einlass in die Burg. Tabu sind dabei die Intimzonen, auch großflächiges Drücken ist nicht erlaubt!
4. Findet ein Schüler der Gruppe B den geheimen Punkt, so ist der Zauberbann gebrochen und der Kreis öffnet sich (die zwei Mitglieder der Gruppe A lassen sich kurz los und gewähren dem erfolgreichen Spieler der Gruppe B Zutritt). Allerdings nur für diesen einen Schüler, alle anderen müssen den Punkt selbst finden. Tipps oder Hilfestellung sind nicht erlaubt.

Ⓢ SINNES-QUIZ

Kategorie:   

Material: 12 Augenbinden, 20 kleine Dinge des Alltags, 10 kleine Plastikdosen, gefüllt mit intensiv duftenden Gegenständen oder Lebensmitteln, 10 Lebensmittel jeglicher Art zum Verkosten, PC oder CD-Player und Kopfhörer, ein DIN-A4-Blatt je Gruppe für die Wertung

Dauer: 45–90 Min.

Teilnehmer: ganze Klasse / Schülergruppe

So geht's:
Ein Gruppenquiz mit Wettbewerbscharakter soll alle Sinne ansprechen und schulen. Es benötigt zwar eine längere Vorbereitungszeit und ist recht aufwändig in der Umsetzung, lohnt sich aber ganz bestimmt für die Schüler. Zur Einstimmung bietet sich die Übung „Ich bin ganz Ohr – gutes Zuhören" (S. 79) an.

1. Teilen Sie die Schüler in 4er-Gruppen ein. Zusätzlich benötigen Sie fünf Freiwillige als Stationsbetreuer.
2. Die Klasse wird in fünf Zonen geteilt. In jeder Zone geht es um einen Sinn.
3. Jede Gruppe erhält ein Wertungsblatt, auf dem das jeweilige Abschneiden an den fünf Stationen festgehalten wird.
4. Die Stationen sollen folgendermaßen aufgebaut sein:
   - **Station 1: Tasten:** zehn kleine Gegenstände (Kuli, Feder, Zapfen, Wollknäuel, Zahnbürste o. Ä.) liegen vorbereitet unter einer Schachtel versteckt. Der Stationsbetreuer teilt die vier Augenbinden aus. Nachdem sichergestellt wurde, dass niemand mehr etwas sieht, gibt der Betreuer dem ersten Mitglied der Gruppe einen Gegenstand in die Hand. Dieser wird reihum an die anderen weitergegeben. Dann beraten sich alle kurz und leise und teilen dem Betreuer mit, was sie glauben, um welchen Gegenstand es sich handelt. Dieser notiert alle zehn Begriffe auf einer Liste. Pro richtig geratenem Gegenstand gibt es einen Punkt.

- **Station 2: Riechen:** Befüllen Sie im Vorfeld zehn kleine Plastikbehälter mit unterschiedlichsten Lebensmitteln oder Dingen, die besonders intensiv oder markant duften, z.B. Senf, Zwiebeln, Seife, Essig, Klebstoff, Pfefferminzblätter etc. Ansonsten ist der Ablauf analog zu dem der ersten Station: Sobald alle mit Augenbinden versorgt sind, beginnt das Duftraten, die Schüler beraten sich und geben dem Stationsleiter ihre Antworten. Für jeden korrekt erratenen Duft gibt es erneut einen Punkt.
- **Station 3: Schmecken:** Für diese Station müssen Sie im Vorfeld Lebensmittel in Häppchen in ausreichender Zahl organisieren. Gut eignet sich z.B. klein geschnittenes Obst und Gemüse, Gummibären, Vollkornbrot, Schokolade, Käse etc. Klären Sie rechtzeitig ab, ob unter Ihren Schülern Allergiker sind. Der Stationsbetreuer verteilt die Augenbinden und lässt die Teilnehmer zehn kleine Stücke kosten. Wie bei den anderen beiden Stationen wird auch hier erst wieder leise beraten, pro richtiger Antwort gibt es einen Punkt.
- **Station 4: Hören:** Bereiten Sie zehn unterschiedliche Audiofiles mit Geräuschen aus der Tier- oder Sportwelt, dem Alltagsleben, dem Transportwesen u.a. vor. Der Stationsbetreuer spielt die Geräusche vor und die Gruppe hört sich diese über Kopfhörer oder Lautsprecherbox an. Dann raten sie und ihr Ergebnis wird wieder notiert. Jedes korrekt angegebene Geräusch gibt einen Punkt.
- **Station 5: Sehen:** Bringen Sie zwanzig unterschiedliche Dinge aus Büro, Küche, Natur und Alltag mit und legen Sie diese unter ein Tuch. Der Stationsbetreuer entfernt das Tuch und gibt der Gruppe etwa eine Minute Zeit, sich die Gegenstände einzuprägen. Danach werden die Dinge wieder abgedeckt. Anschließend schreibt die Gruppe all die Sachen auf, die sie sich gemerkt hat. Für jede richtige Antwort gibt es einen halben Punkt.

5. Nachdem alle Gruppen die einzelnen Stationen durchlaufen haben, geht es an die Auswertung. Jeder Stationsbetreuer erhält das Wertungsblatt einer Gruppe und dann gehen Sie gemeinsam mit allen die Lösungen durch. Die Betreuer notieren die richtigen Ergebnisse und zählen zusammen. Somit ergibt sich eine Gesamtwertung, aus der ein Team als Sieger hervorgeht.

S SKULPTURENKOPIE

Kategorie: ♡

Material: Handy

Dauer: 10 Min. +

Teilnehmer: 10 +

So geht's:

Bei dieser Übung ist eine Bande Kunstfälscher am Werk – aber das genaue Kopieren ist gar nicht so einfach …

1. Suchen Sie sich für diese Übung vier oder fünf Freiwillige, von denen einer im Raum bleibt. Die Kunstfälscher warten draußen. Der Rest der Klasse schaut zu und beobachtet.
2. Nun nimmt der erste freiwillige Teilnehmer als Originalmodell eine Position auf dem Boden, am Stuhl oder im Stehen ein. Diese muss er sich gut merken, damit am Ende Original und Fälschung verglichen werden können. Auch der Rest der Klasse sollte sich die Position gut einprägen. Am besten machen Sie zur Sicherheit ein Foto mit Ihrem Handy, um den späteren Abgleich zu erleichtern.
3. Der erste Kunstfälscher wird hereingerufen. Er sieht sich die Statue eine Zeit lang an. Wenn er glaubt, sich alle Details gut gemerkt zu haben, gibt er dem Original ein Zeichen. Daraufhin löst sich Teilnehmer 1 und der Kunstfälscher nimmt genau dessen Position ein.
4. Dann kommen nacheinander die restlichen Kunstfälscher herein, das Prozedere bleibt gleich. Jeder schaut sich die Position seines Vorgängers gut an und macht sie im Anschluss möglichst genau nach.
5. Am Ende platziert sich das „Modell" neben dem Kunstfälscher, der zuletzt hereingerufen wurde. Die Klasse kann eventuell Hinweise geben, wenn sich das „Original" selbst etwas unsicher sein sollte bzw. Sie können Ihr Foto zu Hilfe nehmen. Dann kann die Gruppe sehen und vergleichen, was sich alles verändert hat und wo es Unterschiede zwischen Original und Kopie gibt.

M SOZIALES KOFFERPACKEN

Kategorie: 

Material: keines

Dauer: 10 Min. +

Teilnehmer: ganze Klasse/Schülergruppe

So geht's:

Hier präsentiert sich das bekannte Kinderspiel in neuem Gewand.

1. Falls Ihre Schüler das Spiel noch nicht kennen sollten oder eine kleine Auffrischung brauchen, spielen Sie es erst in der bekannten Variante. Ein Teilnehmer im Stuhlkreis beginnt und sagt z. B.: „In meinen Koffer packe ich eine Badehose." Der nächste Mitspieler wiederholt und erweitert um einen Gegenstand: „In meinen Koffer packe ich eine Badehose und einen Tennisschläger." Dies geht so lange wie möglich reihum. Wer bei der Aufzählung einen Fehler macht, der könnte ausscheiden oder eine Sonderaufgabe erledigen bzw. andere Gruppenmitglieder dürfen helfend einspringen.

2. Bei der sozialen Variante des Spiels werden zuerst im Plenum Wörter gefunden, die für eine gute Klassengemeinschaft wichtig sind. Bringen Sie auch noch nicht bekannte Begriffe ein und erklären Sie diese. Hier einige Beispiele: Respekt, Toleranz, Hilfsbereitschaft, Hilfe, Trost, Verständnis, Einfühlsamkeit, Liebe, Vertrauen, Kooperation, Freundschaft, Rücksichtnahme, Gesprächsregeln, Ehrlichkeit, Zusammenhalt, Teamwork, Akzeptanz, Verantwortung, Humor, Empathie, Zivilcourage usw.
   Sie könnten diese Wörter als Gedankenstütze an die Tafel schreiben und durchstreichen, sobald sie während des Spiels genannt wurden.

S SPIELESTATIONEN ERFINDEN

Kategorie:  

Material: abhängig von den Ideen der einzelnen Gruppen, dazu DIN-A4-Blätter und Stifte

Dauer: 90–180 Min.

Teilnehmer: ganze Klasse / Schülergruppe

So geht's:
Bei dieser Übung sollen die Schüler mehrere Spielstationen in der Sporthalle erfinden und demokratisch Spielregeln festlegen.

1. Stellen Sie Ihren Schülern zum Einstieg die Frage, welche Eigenschaften ihrer Meinung nach eine Führungspersönlichkeit mitbringen muss. Beispiele sind u.a. Verantwortungsbewusstsein, Organisationstalent, Autorität, Hilfsbereitschaft, Durchsetzungsvermögen, Akzeptanz der anderen, Fairness, Motivation, Mut, Kooperationsbereitschaft, Überzeugungsvermögen usw.
2. Danach teilen Sie die Schüler in Gruppen zu je vier bis sechs Teilnehmern ein. Die erste Aufgabe jeder Gruppe ist es, in demokratischer Art und Weise einen Chef zu wählen.
3. Anschließend stellen Sie die eigentlichen Aufgaben vor:
   - Jede Gruppe muss eine Spielestation in der Sporthalle erfinden, und zwar zu einer der folgenden Oberthemen;
     >> Station 1: Geschicklichkeit
     >> Station 2: Teamwork
     >> Station 3: Quiz
     >> Station 4: Kreativität
   - Der zeitliche Aufwand pro Station sollte ungefähr 5–10 Minuten betragen.
   - Die Stationen werden von den Mitgliedern der anderen Gruppen getestet.
   - Am Ende sollen andere Klassen die vier Stationen bewältigen. Dies sollte mit Anleitungen in einer Unterrichtsstunde zu schaffen sein.

- Gefordert ist außerdem eine A4-Skizze pro Station. Diese muss alle eingesetzten Materialien und Geräte beinhalten. Außerdem sollen die Regeln und der Ablauf genau erklärt werden.

4. Nachdem die Gruppen ein System gefunden haben, wer welche Station übernimmt, kann es an die Arbeit gehen, wobei Sie als Lehrkraft möglichst wenig Einfluss nehmen. Schreiten Sie nur in Ausnahmefällen ein.

5. Wenn die Gruppen mit ihren Vorschlägen fertig sind, kann es an die Umsetzung und das Erproben in der Praxis gehen. Die Stationen werden in der Sporthalle aufgebaut und getestet. Durch das Feedback der anderen Gruppen können Dinge, die noch nicht so gut laufen, optimiert werden.

6. Ist auch das geschehen, muss ein Termin mit einer anderen Klasse ausgemacht werden. An diesem Tag erklärt jede Gruppe den anderen Schülern ihre jeweilige Station.

7. In einer Schlussrunde nach den Erfahrungen des Einladungstages kann darüber nachgedacht werden, was man noch verbessern könnte. In der abschließenden Reflexion geht es um die Rückschau auf das Gesamtprojekt, also darum, was gut oder weniger gut gelaufen ist, wie die Meinungsbildung und die Kooperation in den einzelnen Gruppen waren, wie die einzelnen Gruppen ihre Chefs bestimmt und warum sie ausgerechnet diese Schüler ausgesucht haben usw.

S STATUEN RATEN

Kategorie: 

Material: keines

Dauer: 15 Min. +

Teilnehmer: ganze Klasse / Schülergruppe

So geht's:

Hier wird das kreative Potenzial der Gruppe angesprochen!

1. Teilen Sie die Klasse in 2er-Teams ein. Jedes Paar einigt sich auf ein Thema (mit oder ohne Schulbezug, der Fantasie sind da eigentlich keine Grenzen gesetzt) und errichtet dazu eine passende Statue. Die Schüler selbst sind Baumaterial und Bildhauer zugleich.
2. Dann präsentiert jedes Paar seine Statue den anderen Schülern.
3. Diese machen Vorschläge, was das Gezeigte darstellen könnte. Danach wird verraten, was sich das jeweilige Paar ursprünglich gedacht hatte.
4. Als Ergänzung könnten die Paare einen Vorschlag der Gruppe in einer Improvisation anspielen.

Ⓜ STEINE AUS DEM WEG RÄUMEN

Kategorie: 

Material: je Schüler ein Stein (Dominostein o. Ä.)

Dauer: 30 Min. +

Teilnehmer: ganze Klasse / Schülergruppe

So geht's:

Diese Übung eignet sich gut, um auf anschauliche Weise über Probleme in der Gruppe bzw. Klasse zu sprechen, ohne allzu emotional zu werden.

1. Teilen Sie an jeden Schüler einen Stein aus.
2. Der Reihe nach berichtet jeder Schüler, was ihn in der Gemeinschaft stört, wo es öfters zu Konflikten kommt, bei welchen Gelegenheiten gestritten wird etc. Danach legt er seinen Stein in den Kreis.
3. In einer zweiten Runde überlegt nun jeder Teilnehmer, was er oder andere tun können, um eines der in der Runde zuvor genannten Probleme zu lösen, damit sich alle Beteiligten wieder besser und wohler fühlen.
4. Bei dieser Runde wird bei jeder Nennung eines positiven Verhaltens, eines gruppenfördernden Prozesses etc. ein Stein aus dem Weg geräumt.

S STIFTETANGO

Kategorie: 

Material: je Schülerpaar ein Stift

Dauer: 10 Min. +

Teilnehmer: 2 +

So geht's:

Für diese Geschicklichkeitsübung braucht man nur etwas Platz und Stifte und schon kann es losgehen.

1. Teilen Sie die Schüler in 2er-Gruppen ein. Jedes Team bekommt einen Stift, den die beiden Teilnehmer zwischen die Kuppen ihres jeweils rechten Zeigefingers klemmen.
2. Nun bewegen sich die Paare durch den Raum – und zwar ohne sich abzusprechen! Das kann mal langsamer, mal etwas schneller sein. Wichtig ist dabei nur, dass der Stift nicht herunterfällt.
3. Es soll zu einem fließenden Wechsel der Führung kommen.

Variante 1: Die Schüler führen die Übung mit geschlossenen Augen durch.

Variante 2: Bei der sportlichen Variante geht es um einen Wettlauf oder um die Bewältigung eines einfachen Parcours, bei dem die Zeit gemessen wird und der ohne Fehler zu meistern ist.

S STILLE POST AM RÜCKEN

Kategorie: ☺ ♡
Material: Stühle, Stifte und einige DIN-A4-Blätter bzw. Kreide und Tafel
Dauer: 15 Min. +
Teilnehmer: ganze Klasse / Schülergruppe

So geht's:

Diese Gruppenvariante des Spiels „Textnachricht" (S. 150) wird allen gefallen.

1. Teilen Sie die Schüler in Gruppen zu sechs bis sieben Personen ein.
2. Jede Gruppe sitzt oder steht jeweils hintereinander und alle blicken nach vorn. Wenn Stühle verwendet werden, muss die Lehne auf der Seite sein, sodass der Rücken frei bleibt.
3. Zeichnen Sie dann eine einfache Figur, ein Symbol (Peace-Zeichen, Smiley o. Ä. – achten Sie dabei darauf, bei jeder Gruppe exakt das gleiche Symbol zu verwenden) auf den Rücken der hintersten Gruppenmitglieder.
4. Diese übertragen es auf den Rücken der Person vor sich etc.
5. Das vorderste Gruppenmitglied zeichnet, ohne dass es die anderen sehen können, auf Papier oder die Tafel, was es gespürt hat.
6. Abschließend kommt es zum Vergleich der Zeichnungen.

Was bei allen Gruppen zu bemerken sein wird, ist die Tatsache, dass es ohne Anweisung ruhig wird!

S STROMFLUSS

Kategorie: ♡

Material: keines

Dauer: 10 Min. +

Teilnehmer: 10 +

So geht's:

Bei dieser Konzentrations- und Energieübung werden alle überrascht sein, wie schnell der „Strom" durch die Gruppe fließt.

1. Bilden Sie mit den Teilnehmern einen Kreis. Alle halten sich an den Händen, schließen die Augen und konzentrieren sich.
2. Geben Sie einen Händedruck als Impuls in eine Richtung durch die Runde, der von jedem Teilnehmer weitergegeben werden soll, bis er wieder bei Ihnen angelangt ist. Lassen Sie die Teilnehmer vor Beginn schätzen, wie lange der Impuls für eine komplette Runde braucht.
3. Nach einigen Proberunden versuchen die Teilnehmer im Kreis nun, das Tempo zu beschleunigen, den Rhythmus zu finden, zu antizipieren, wann der Händedruck kommt, schnell zu reagieren und den kurzen Druck möglichst schnell weiterzugeben.

Durch die Konzentration wird es normalerweise ganz ruhig und man kann die Energie der Gruppe spüren. Bei fünfzehn Teilnehmern braucht der Strom sicher nicht mehr als fünf Sekunden.

Variante: Eine gute Erfahrung ist es auch, die gleiche Übung mit offenen Augen zu machen. Die Gruppe wird dann länger dafür brauchen!

M TAGESRÜCKSCHAU

Kategorie: ♡

Material: je Schüler ein DIN-A4-Blatt und ein Stift

Dauer: 10 Min. +

Teilnehmer: ganze Klasse / Schülergruppe

So geht's:

Hier geht es darum, positive Dinge zu sehen und zu benennen.

1. Bitten Sie die Schüler am Ende eines Schultages darum, ruhig zu werden und kurz innezuhalten. Um dies zu vereinfachen, ist es vielleicht von Vorteil, wenn sie die Augen schließen.
2. In diese Stille hinein kommt nun Ihre Anweisung, den Schultag (oder die letzte Woche) Revue passieren zu lassen. In dieser Nachdenkphase geht es primär um das Herausfiltern positiver Erlebnisse. Die Schüler sollen herausfinden, was ihnen gut gelungen ist, worauf sie an diesem Tag eventuell stolz sind oder was ihnen einfach besonders viel Spaß gemacht hat.
3. Nach dieser Phase der Stille sollen sie einen Satz formulieren und aufschreiben. Dieser wird dann im Plenum vorgetragen und es kann ein Austausch erfolgen.
4. Wenn man diese kurze Rückschau ritualisieren möchte, so kann man ein eigenes Heft dafür anlegen, in das die positiven Sätze geschrieben werden. Sobald die Schüler mit dieser Übung vertraut sind, ist der Zeitaufwand relativ gering.

Ⓜ TALENTEBAUM

Kategorie:   

Material: je eine DIN-A4-Kopie „Talentebaum I“ (s. Kopiervorlage S. 148), eine auf DIN A2 vergrößerte Kopie „Talentebaum II“ (s. Kopiervorlage auf S. 149), Stifte

Dauer: 45 Min.

Teilnehmer: ganze Klasse / Schülergruppe

So geht's:

Das Wissen um eigene Talente und das Erkennen von Fähigkeiten anderer soll mit dieser Übung gestärkt werden.

1. Hängen Sie das Plakat mit dem kargen Laubbaum an die Wand oder befestigen Sie es an der Tafel. Die Schüler werden schnell darauf kommen, dass die Blätter am Baum fehlen.
2. Deshalb erhalten alle eine A4-Kopie mit Blättern darauf, von denen aber nur die Umrisse zu sehen sind. Fordern Sie die Schüler auf, darüber nachzudenken, worin sie besonders gut sind und welche Fähigkeiten und Talente sie in die Gruppe einbringen können.
3. Diese Begriffe schreiben die Schüler auf die Baumblätter, schneiden sie aus und kleben sie dann gemeinsam auf den Baum.
4. Die so entstandene Collage ergibt ein schönes Abbild aller Fähigkeiten, die die verschiedenen Personen der Gruppe haben.
5. Im Anschluss daran folgt ein Gespräch über die vielfältigen Begabungen, Fähigkeiten und Talente der Jungen und Mädchen der Klasse, die sie zu etwas Besonderem und Einzigartigem machen.

TALENTEBAUM 1/2

Illustration: © sushi – stock.adobe.com

ISBN 978-3-8346-4222-6 | www.verlagruhr.de

TALENTEBAUM 2/2

S TEXTNACHRICHT

Kategorie: ♡

Material: keines

Dauer: 10 Min. +

Teilnehmer: 10 +

So geht's:

Gutes Gespür ist bei dieser etwas anderen Art der Textnachricht gefragt!

1. Teilen Sie die Schüler in Gruppen von jeweils etwa zehn Personen ein. Jede Gruppe bildet einen Kreis.
2. Bestimmen Sie einen Teilnehmer, der beginnt. Dieser zeichnet mit einem Finger einen Buchstaben auf den Rücken des Vordermanns.
3. Der Vordermann gibt den „erfühlten" Buchstaben wiederum an die Person vor sich weiter etc., bis er beim letzten Gruppenmitglied angekommen ist. Dieses nennt nun den Buchstaben und somit wird überprüft, ob die Textnachricht richtig weitergeleitet wurde.
4. Danach startet der nächste Teilnehmer mit einer neuen Nachricht.
5. Sobald das Spiel mit Einzelbuchstaben gut läuft, kann man es mit kurzen Wörtern probieren.

M S TORTENVORSTELLUNG

Kategorie:

Material: je Schüler ein Arbeitsblatt „Tortenvorstellung“ (Kopiervorlage auf S. 152), Stifte

Dauer: 45 Min.

Teilnehmer: ganze Klasse / Schülergruppe

So geht's:

Mit dieser schnellen Kennenlernübung erfahren die Schüler viel übereinander. Deshalb ist diese Übung besonders gut zu Beginn eines neuen Schuljahres geeignet.

1. Teilen Sie an alle ein kopiertes A4-Arbeitsblatt aus, auf dem ein großer Kreis mit acht Unterteilungen zu sehen ist.
2. Die Schüler schreiben in das oberste Stück Torte (rechts oben = Feld 1) ihren Vornamen hinein und lassen evtl. noch irgendwo Platz für ein kleines Foto, das sie später aufkleben.
3. Dann werden die weiteren sieben Tortenstücke der Reihe nach mit den Angaben zur eigenen Person befüllt. So schreibt man in Feld ...
   - F1 ... den Vornamen
   - F2 ... was man mag.
   - F3 ... was man nicht mag.
   - F4 ... was man gut kann, worin man Talent hat.
   - F5 ... was man nicht so gut kann bzw. besser können möchte.
   - F6 ... welchen Traum man hat oder welchen Wunsch man gerne in die Tat umsetzen möchte.
   - F7 ... was typisch für einen selbst ist.
   - F8 ... was einem ganz besonders wichtig ist.
4. Anschließend werden die Teile noch farbig gestaltet.
5. Am Ende kommt es zum Austausch im Plenum, sodass jede Person die Möglichkeit hat, ihre Ergebnisse vorzustellen. Die fertigen Torten können in der Klasse aufgehängt werden.

TORTENVORSTELLUNG

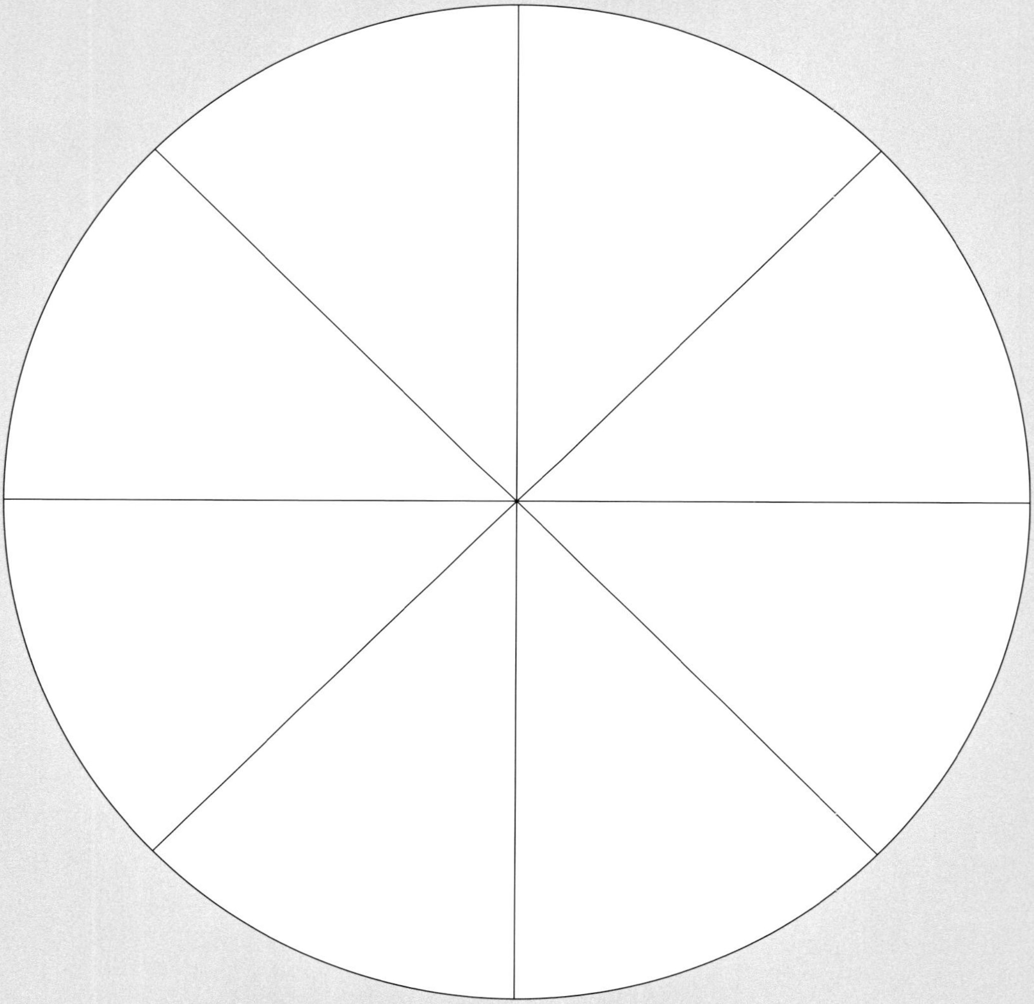

ISBN 978-3-8346-4222-6 | **www.verlagruhr.de**

M TUT-GUT-BLATT

Kategorie:

Material: je Schüler ein DIN-A4-Blatt und Stift

Dauer: 45 Min.

Teilnehmer: ganze Klasse / Schülergruppe

So geht's:

Hierbei handelt es sich um eine Übung, die Ihren Schülern wirklich guttun wird und einen speziellen Moment bietet, bei dem allen das Herz aufgeht. Es gibt verschiedene Organisationsformen: Entweder sitzen alle auf ihren Plätzen in der Klasse oder es wird ein Stuhlkreis gemacht.

1. Teilen Sie an jeden Schüler einen A4-Zettel aus und geben Sie die Anweisung, das Blatt in vier gleich große Teile zu unterteilen. Jedes Viertel bekommt nun eine Überschrift:
   - Das gefällt mir an dir
   - Das finde ich besonders gut an dir
   - Das kannst du gut
   - Das möchte ich dir noch sagen
2. Erklären Sie die Regeln: Es dürfen ausschließlich positiv formulierte Sätze geschrieben werden. Auch wenn man mit jemandem relativ schlecht auskommt, gibt es doch, neutral betrachtet, Dinge, die man als positiv erkennen kann. Sie müssen klar und deutlich vermitteln, dass bei keiner Person etwas Schlechtes oder Negatives geschrieben werden darf.
3. Jeder Schüler schreibt seinen Namen auf sein eigenes Blatt. Dann geht jeder nach einem vorher ausgemachten System und auf Ihr Kommando zum nächsten „Tut-gut-Blatt". Jeder schreibt nun einen (!) positiven Satz über die Person, die auf dem Blatt namentlich genannt ist, in eine (!) der vier Kategorien. Dies könnte z. B. so aussehen:
   - Das gefällt mir an dir. >> Du trägst immer schöne Kleidung.
   - Das finde ich besonders gut an dir. >> Du hilfst mir oft.

- Das kannst du gut. >> Du kannst schnell laufen.
- Das möchte ich dir noch sagen. >> Du bist ein guter Freund.

4. Achten Sie während der Übung darauf, dass sich alle an die Spielregeln halten.
5. Wenn alle auf jedes Blatt etwas geschrieben haben, geht jeder zurück an den eigenen Platz. Nun kommt ein ganz besonderer Moment, wenn Sie die Schüler auffordern, ihr eigenes „Tut-gut-Blatt" durchzulesen. Es wird sehr ruhig werden. Achten Sie auf die Gesichter der Schüler und Sie werden bemerken, wie allen das Herz aufgeht.
6. In einer Reflexionsrunde wählt jedes Klassenmitglied einen Satz aus, der es besonders beeindruckt bzw. über den es sich sehr gefreut hat, und liest diesen laut vor.
7. Vielleicht können Sie die Schüler dazu anregen, dass sie sich dieses Blatt irgendwo zu Hause aufhängen. Wann immer sie traurig sind, könnte ihnen das Lesen der guten Sätze positive Energie liefern.

Anmerkung: Bei Nachfrage in einer Abschlussklasse gab es etliche Schüler, die das „Tut-gut-Blatt" auch noch nach vier Jahren in ihrem Zimmer hatten!

S ÜBER DIESE TREPPE MUSST DU GEHEN

Kategorie:

Material: 8–12 abgerundete Vierkanthölzer (ca. 1 m lang und ca. 4 cm im Durchmesser), einige Matten

Dauer: 20 Min. +

Teilnehmer: ganze Klasse / Schülergruppe

So geht's:

Diese Vertrauensübung sollte in der Sporthalle stattfinden, und zwar nur mit vertrauenswürdigen und verantwortungsvollen Gruppen, die sich und die Sie schon gut kennen.

1. Bevor Sie beginnen, legen Sie den Boden mit Matten aus. Teilen Sie dann die Gruppe in 2er-Teams ein. Jedes Paar steht sich gegenüber und bekommt einen Stab. Diesen halten sie in Hüfthöhe ganz fest.
2. Die Paare stellen sich dicht nebeneinander auf und bilden auf den Matten eine Gasse.
3. Nun soll eine mutige Testperson über diese acht bis zwölf „Stufen" gehen. Sie steigt über einen Stuhl o. Ä. auf den ersten Stab, dann sofort auf den zweiten, den dritten etc. und wandert somit über die „Treppe".
4. Erklären Sie vorher, dass die Person, die oben geht, das Gewicht möglichst auf zwei Stäbe verteilt und nicht zu lange auf einem verweilt!
5. Weiterhin ist wichtig, dass jeder Stabhalter in dem Moment, in dem jemand auf den Holzstab steigt, die ganze Kraft aufwendet, damit der Überquerende sicher darauf steigen kann und kurz gehalten wird.
6. Als Hilfsmittel kann sich die über die Stäbe gehende Person an den Köpfen der anderen Teilnehmer etwas abstützen.
7. Schülern, die dabei Schwierigkeiten haben, können Sie die Hand geben und neben der Gasse mitgehen, um ihnen mehr Sicherheit zu bieten.

Natürlich setzt man hier großes Vertrauen voraus, weshalb diese Übung eher am Ende einer Reihe anderer, einfacherer Vertrauensübungen stehen sollte.

Ⓜ Ⓢ ÜBRIG BLEIBEN

Kategorie: ♡
Material: keines
Dauer: 45 Min.
Teilnehmer: ganze Klasse / Schülergruppe

So geht's:

„Übrig bleiben“ ist eine einfache, schnelle und spielerische Übung zum Thema Außenseiter. Sie macht klar, dass alle damit zurechtkommen müssen, von Zeit zu Zeit kurz einmal zurückgewiesen oder ausgeschlossen zu werden. Ist dies öfter und länger der Fall, besteht natürlich pädagogischer Handlungsbedarf.

1. Räumen Sie Tische und Stühle zur Seite und teilen Sie die Schüler in 2er-Teams ein. Die Paare halten einander an den Händen und laufen eine kurze Zeit durch den Raum.
2. Dann geben Sie die Anweisung, dass sich alle trennen sollen, um sofort in 3er-Gruppen zusammenzukommen. Diejenigen, die nicht in einem Trio Platz finden, scheiden aus.
3. Im nächsten Schritt sollen 4er-Gruppen, gebildet werden, dann z. B. 5er-Gruppen, dann wieder 3er-Gruppen etc.
4. Das Spiel geht so lange, bis nur noch ein Paar übrig bleibt.
5. In der Reflexionsrunde wird darüber gesprochen, wie die Erfahrungen waren, was beobachtet werden konnte, wie man sich fühlt, wenn man übrig bleibt etc.

Ⓜ UNRECHT IM KLASSENZIMMER

Kategorie:

Material: je Schülergruppe ein Arbeitsblatt „Unrecht im Klassenzimmer“ (s. Kopiervorlage auf S. 158), Stifte

Dauer: 25 Min. +

Teilnehmer: ganze Klasse / Schülergruppe

So geht's:

Diese Übung bietet eine Möglichkeit, die Schüler dafür zu sensibilisieren, anderen zu helfen, wenn Unrecht passiert.

1. Teilen Sie die Schüler in 3er- oder 4er-Gruppen ein.
2. Händigen Sie jeder Gruppe das Arbeitsblatt mit dem Bild der Unrechtssituation aus. Die einzelnen Gruppenmitglieder reden darüber und beantworten folgende Fragen:
   - Was passiert da gerade? Was kannst du auf dem Bild erkennen?
   - Was könnten die beiden Schüler zu dem Kind in der Mitte sagen?
   - Wie fühlt sich diese Person?
   - Was könntest du als Einzelner/ihr als Gruppe für diese Person tun?
3. Malen Sie eine Ampel mit den Farben rot, gelb und grün untereinander an die Tafel. Nun werden die einzelnen Beiträge der Gruppen vorgetragen und bewertet. Die Klasse überlegt dabei, in welchem Bereich der Ampel der Vorschlag aufgeschrieben wird.
4. Somit werden Strategien entwickelt, wie sich die Klasse und wie sich die einzelnen Teilnehmer in solchen Situationen verhalten könnten. Diese Überlegungen können dann auch zum Thema Mobbing führen und die Schüler erarbeiten Strategien, was sie gegen Mobbing tun können.
5. Mögliche Antworten sind z. B.
   - Sich für das Opfer einsetzen!
   - Dem Opfer zeigen, dass man es mag!
   - Den Tätern sagen, dass sie damit aufhören sollen!
   - Einem Erwachsenen den Vorfall erzählen!

UNRECHT IM KLASSENZIMMER

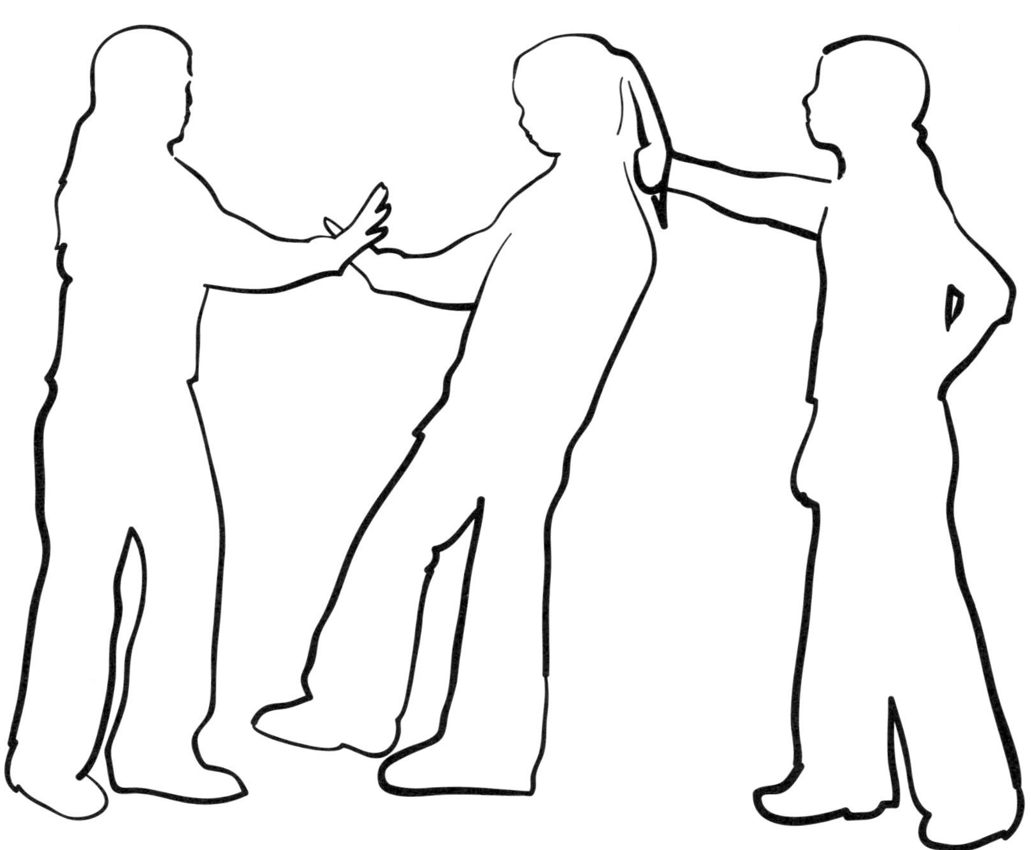

Illustration: Johannes Krenner

ISBN 978-3-8346-4222-6 | **www.verlagruhr.de**

M S UNSERE GLÜCKSBAHN

Kategorie:

Material: eine oder 2 längere Papierbahnen (ca. 3 m), verschiedenfarbige Stifte, evtl. Musik, Abspielgerät

Dauer: 30 Min. +

Teilnehmer: ganze Klasse / Schülergruppe

So geht's:

In der Gruppe soll ein riesiges „Glücksbild" angefertigt werden.

1. Je zehn bis zwölf Teilnehmer stehen oder sitzen vor oder um eine Papierbahn herum. Zuerst überlegt jeder für sich, was ihn glücklich macht, danach tauschen sich alle im Plenum aus.
2. Im nächsten Schritt malen und zeichnen alle (eventuell zu passender Musik) gleichzeitig, was Glück für sie bedeutet. Dies kann auch abstrakt sein.
3. Danach kann die Bahn „ausgestellt" und diskutiert werden.

Als **Variante** bietet sich „Unsere Wutbahn" (S. 161) an.

Ⓜ UNSERE KLASSE IST WIE …

Kategorie:

Material: keines

Dauer: 45 Min.

Teilnehmer: ganze Klasse / Schülergruppe

So geht's:

Es wird der Versuch unternommen, die Klasse als Gemeinschaft in Form eines Bildes darzustellen.

1. Teilen Sie die Schüler in 4er-Gruppen ein.
2. In einer etwa 5-minütigen Phase sollen die Gruppen darüber nachdenken, wie die Klassengemeinschaft aussehen würde, wenn sie ein Tier, ein Gebäude, ein Ding o. Ä. wäre, und einen Namen dafür finden.
3. Dann diskutiert die Kleingruppe, wie man das gefundene Wort in Form einer Statue darstellen kann, wobei jeder Schüler Teil davon sein muss.
4. Anschließend zeigt jede Gruppe ihre Statue. Die übrigen Gruppen kommentieren das Gezeigte und raten, was dargestellt wurde. Die darstellende Gruppe erklärt schließlich, was ihre Gedanken zu der Statue waren. Wenn alle Gruppen präsentiert haben, folgt die Reflexionsrunde: Ist es den Gruppen leicht- oder schwergefallen, eine Statue mit allen zu bauen? Konnten sie sich gut auf eine Darstellung einigen?
5. In einer zweiten Runde stellen Sie die Aufgabe, die Statue so umzuformen, dass eine positive Veränderung eintritt. Folgende Fragen können helfen: „Wie würdest du dir die Gemeinschaft in der Klasse wünschen? Wie könnte sie idealerweise aussehen?“ Auch in dieser Phase bietet sich eine Diskussion an.

Variante: Die Klasse wird als Schiff oder Gebäude gesehen. Nun soll jeder Teilnehmer seine Rolle beschreiben, beispielsweise: „Ich sehe mich als Techniker, der hilft, dass das Schiff wieder in Gang kommt.“ Oder: „Ich fühle mich als Kapitän, weil ich gerne Verantwortung übernehme.“

M S UNSERE WUTBAHN

Kategorie:

Material: eine oder 2 längere Papierbahnen (ca. 3 m), Stifte, evtl. Musik

Dauer: 30 Min. +

Teilnehmer: ganze Klasse / Schülergruppe

So geht's:

Im Gegensatz zu „Unsere Glücksbahn“ (S. 159) können bei dieser Übung Aggressionen weggemalt werden.

1. Je zehn bis zwölf Teilnehmer stehen oder sitzen um eine Papierbahn herum und erinnern sich an Situationen, in denen sie wütend waren. Zuerst überlegt jeder für sich, was ihn wütend macht, danach tauschen sich alle im Plenum aus.
2. Dann versuchen alle gleichzeitig, ihre Assoziationen und Gefühle zum Thema Wut aufs Papier zu bringen und ihrer Fantasie freien Lauf zu lassen. Im Anschluss kann die Bahn „ausgestellt“ und diskutiert werden.

VERFÄLSCHTE WAHRHEIT

Kategorie:

Material: Bild einer geometrischen Figur o. Ä., DIN-A5-Blätter, Stifte

Dauer: 20 Min. +

Teilnehmer: ganze Klasse / Schülergruppe

So geht's:

Diese Aufmerksamkeitsübung verlangt gutes Beobachten.

1. Bitten Sie fünf Schüler, den Raum zu verlassen, und holen Sie sie der Reihe nach wieder in den Raum.
2. Die Anweisung für jeden Schüler lautet, sich die abgebildete Figur 20–30 Sekunden lang anzusehen und gut einzuprägen. Ist das geschehen, wird das Blatt weggenommen, und nun muss die gemerkte Grafik auf ein neues A5-Blatt gezeichnet werden.
3. Wenn der nächste Teilnehmer hereingerufen wird, erhält er nicht mehr das Original, sondern die Zeichnung, die soeben von der vorherigen Person angefertigt wurde.
4. Nach dem letzten Teilnehmer wird die Originalvorlage mit dem Endprodukt verglichen. Dazu werden alle Zeichnungen der Reihe nach aufgelegt und man kann die Veränderungen gut erkennen.

S VERTRAUENSKREIS

Kategorie: 

Material: keines

Dauer: 10 Min. +

Teilnehmer: 6 +

So geht's:

Die Conclusio bei dieser Übung sollte sein, dass man Vertrauen ebenso lernen kann wie die Fähigkeit, sich auf andere verlassen zu können.

1. Es werden enge Kreise mit jeweils ca. sechs Gruppenmitgliedern gebildet. Je ruhiger es bei dieser Übung ist, desto besser.
2. Eine Person stellt sich in die Mitte und schließt die Augen. Sie macht sich ganz steif, spannt alle Muskeln an und lässt sich nun in irgendeine Richtung fallen. Die Arme sind angelegt oder in Schutzposition vor der Brust und die Füße bleiben fest am Boden (kein Abknicken in der Hüfte).
3. Die Gruppe „schubst" die in der Mitte stehende Person herum, indem die Gruppenmitglieder in Schrittstellung stehen, die Arme nach vorn halten und den Teilnehmer nicht zu weit fallen lassen. Sie haben eher früher Kontakt als später. Also sanft schubsen, sanft auffangen! Es soll ein schöner und angenehmer Wechsel sein.

Anmerkung: Achten Sie von Beginn an darauf, dass die Teilnehmer vorsichtig agieren, und dulden Sie keinerlei Unsinn. Ab und zu gibt es Schüler, die bei dieser Übung ihre Schwierigkeiten haben, weil ihnen das Vertrauen in ihre Mitschüler fehlt. Oft hilft es, wenn der Kreis noch enger zusammen geht. Bei Leuten, die genügend Vertrauen haben und etwas gefordert werden wollen, kann der Kreis etwas weiter auseinander gehen, sodass der Teilnehmer eine kurze Fallphase verspürt. Aber Achtung: Es müssen immer mehrere Hände auffangen!.

Ⓜ VIER-SCHRITT-REGEL BEI PROBLEMEN

Kategorie:

Material: keines

Dauer: 45 Min.

Teilnehmer: ganze Klasse / Schülergruppe

So geht's:

Dies ist eine Vor- oder Anschlussübung an das Arbeitsblatt „Was soll Leon tun?" (S. 171) zur Bewusstmachung, dass es immer einen Ausweg bzw. eine Lösung für ein Problem gibt.

1. Beschreiben Sie Ihren Schülern folgendes Szenario: „Ihr steckt in einer schwierigen Situation und wisst nicht mehr weiter. Alles wächst euch über den Kopf und nichts scheint zu helfen. Was könnt ihr tun?"
2. Es kommt in der Klasse zu einem kurzen Austausch.
3. Erarbeiten Sie gemeinsam mit Ihren Schülern Schlagworte oder kurze Sätze zu der Vier-Schritt-Regel:
   1. **Stopp!**
      Du weißt, dass es so nicht weitergehen kann. Du musst etwas tun!
   2. **Denk nach!**
      Was ist das eigentliche Problem? Wie fühlst du dich?
      Wie geht es dir wirklich?
   3. **Suche nach Lösungen, bedenke aber auch ihre Folgen!**
      Welche Lösungen gibt es? Wer kann dir dabei helfen, welche zu finden? Welche sind machbar, welche sind nicht so gut?
   4. **Entscheide dich für eine Lösung und probiere sie aus!**
      Suche die deiner Meinung nach beste Lösung für dein Problem aus. Falls das dann doch nicht funktioniert, versuche es eben mit der nächsten.

M S VIERTELPLAKAT – SO BIN ICH

Kategorie:

Material: je Schüler ein DIN-A3- oder Zeichenblatt, Stifte, evtl. Musik und Abspielgerät

Dauer: 45 Min.

Teilnehmer: ganze Klasse / Schülergruppe

So geht's:
Diese kreative Unterrichtseinheit hat einen selbstreflexiven Anteil und dient dem besseren Kennenlernen der anderen.

1. Die Schüler erhalten alle ein A3-Blatt oder nehmen ein Zeichenblatt zur Hand. Ganz oben schreiben sie ihren Vornamen und als große Überschrift „So bin ich". Zeigen Sie an der Tafel vor, wie man das Blatt nun in vier gleiche Quadranten einteilt.
2. Wenn das geschehen ist, schreiben Sie in die Viertel die jeweilige Aufgabe, die z. B. so aussehen könnte:
   - Das macht mir Spaß.
   - Das mache ich überhaupt nicht gerne.
   - Das kann ich gut.
   - Das wünsche ich mir in meinem Leben.
3. Die Schüler schreiben oder malen ihre Beiträge in die entsprechenden Kästchen. Eine dezente Entspannungsmusik im Hintergrund kann für eine angenehme und ruhige Atmosphäre sorgen.
4. Am Ende stehen die Präsentationen: Entweder sprechen die Schüler kurz über ihr Werk und zeigen es dabei vor oder alle Bilder werden in einer Art Galerie in der ganzen Klasse aufgehängt.
5. Zum Schluss könnte noch eine Feedback- oder Auswertungsrunde stehen, in der abgefragt wird, wie den Teilnehmern die Übung gefallen hat, wo es evtl. Schwierigkeiten gab, etwas zeichnerisch umzusetzen, etc.

Ⓜ VISITENKARTEN TAUSCHEN

Kategorie:

Material: je Schüler ein Kärtchen im Scheckkartenformat (ca. 9 x 5 cm)

Dauer: 25 Min. +

Teilnehmer: ganze Klasse / Schülergruppe

So geht's:

Hier gilt es, Visitenkarten zu schreiben, zu tauschen und dann zu raten, von wem sie stammen.

1. Teilen Sie an alle eine leere Visitenkarte aus.
2. Die Schüler überlegen sich nun je drei positive Eigenschaften und schreiben sie auf ihre Visitenkarte. Dann notieren sie auch noch eine negative Eigenschaft, etwas, das sie nicht besonders können oder mögen.
3. Auf ein Zeichen Ihrerseits gehen dann alle im Raum herum. Beim nächsten Signal von Ihnen stoppen die Schüler und tauschen ihre Visitenkarten, allerdings ohne sie zu lesen. Dann laufen sie weiter. Als Nächstes geben Sie erneut das Signal zum Tauschen und wieder ist es wichtig, dass die Karten nicht gelesen werden! Wiederholen Sie diesen Ablauf einige Male.
4. Fordern Sie Ihre Schüler nach dem letzten Durchgang der Reihe nach auf, die Sätze auf der Visitenkarte vorzulesen, die sie nun in der Hand halten. Dann sollen sie Vermutungen anstellen, von wem sie sein könnte. Liegt er richtig, kann der Schüler zurück an seinen Platz gehen. Wenn nicht, muss er weitersuchen.
5. Anschließend ergeben sich interessante Gespräche und Diskussionen. So werden einige Schüler verwundert sein, dass man ihnen besondere Eigenschaften zugetraut hat. Manche wurden wahrscheinlich sofort erkannt, andere dagegen komplett falsch eingeschätzt und einige haben eventuell etwas Neues über sich oder andere erfahren.

Ⓢ VON SCHOẞ ZU SCHOẞ

Kategorie: ☺

Material: ein großer Würfel

Dauer: 20 Min. +

Teilnehmer: ganze Klasse / Schülergruppe

So geht's:

„Von Schoß zu Schoß" ist ein FUN-Spiel der besten Sorte, das alle Schüler lieben.

1. Bilden Sie mit Ihren Schülern einen Stuhlkreis. Zählen Sie die Teilnehmer von eins bis fünf durch. Alle müssen sich ihre Nummer merken.
2. Alle stehen auf und suchen sich einen anderen Platz, um die Zahlen (vorher immer 1–5 nebeneinander) etwas durchzumischen.
3. Den neuen Platz müssen sie sich ebenfalls merken, er ist Start- und Zielpunkt. Evtl. stellen die Schüler ihre Hausschuhe darunter. Dort sollte man also als Erster ankommen, um zu gewinnen.
4. Dann beginnen Sie mit dem Würfeln. Wird z. B. die Zahl 2 gewürfelt, dann stehen alle „2er" auf und gehen einen Platz im Uhrzeigersinn weiter. Ist der Stuhl frei, nehmen sie dort Platz, falls er besetzt ist, setzen sie sich auf den Schoß dieses Teilnehmers! Es dürfen nur diejenigen um einen Platz weiterrücken, die allein auf einem Stuhl oder in einer „Schoßreihe" ganz oben sitzen. Wer durch eine oben sitzende Person blockiert ist, darf nicht weiter. Es kann im Spielverlauf durchaus vorkommen, dass es regelrechte Schoßtürme gibt und sich vier und mehr Mitspieler auf einem Platz tummeln!
5. Bei einer Sechs rücken alle, die können, um einen Platz weiter.
6. Das Spiel endet, wenn die erste Person wieder auf dem ursprünglichen Stuhl sitzt.

Variante: Anstelle des Würfels kann man auch Karten mit vier Farben verwenden und jedem Schüler eine Farbe zuordnen. In diesem Fall wird der Kartenstapel in die Mitte gelegt und eine Karte nach der anderen aufgedeckt. Diese Version ist etwas dynamischer.

VORSTELLUNG MIT EINER LÜGE

Kategorie: 

Material: keines

Dauer: 30 Min. +

Teilnehmer: 10 +

So geht's:

Dieses Spiel eignet sich zum besseren Kennenlernen von Gruppen, die sich noch relativ neu sind. Die Übung erfreut sich großer Beliebtheit, da das Lügen hier nicht nur erlaubt, sondern erwünscht ist. Auch das Lügen gehört – in angemessenem Rahmen – zur sozialen Kompetenz, denn nicht immer ist dem Gegenüber die (ganze) Wahrheit zumutbar.

1. Teilen Sie Schüler in 2er-Teams ein. Die Paare unterhalten sich leise, versuchen, etwas über den jeweiligen Partner zu erfahren, um ihn dann später der Gruppe vorstellen zu können.
2. Falls nötig, können Sie vier Fragen für das Interview vorgeben:
   - Nenne dein Lieblingshobby.
   - Erzähle einen Streich, den du jemandem einmal gespielt hast.
   - Was hast du zu deinem letzten Geburtstag erhalten?
   - Angenommen, du hättest einen Wunsch frei, welcher wäre das?
3. Bei der Präsentation des jeweiligen Teilnehmers fügt der Partner aber einen Fehler ein, der am Ende von den anderen entdeckt werden soll.
4. In der Auswertungsphase kann man auch folgende Fragen diskutieren:
   - Wie hat dir die Übung gefallen? Warum?
   - Fiel es euch leicht, die Fehler zu entdecken?
   - Wann kann es auch einmal sinnvoll sein, nicht die ganze Wahrheit zu sagen?

Ⓜ WANTED! – DAS BIN ICH

Kategorie:

Material: je Schüler ein leerer Steckbrief „Wanted – Das bin ich" (s. Kopiervorlage auf S. 170) im DIN-A4-Format, Stifte

Dauer: 45 Min.

Teilnehmer: ganze Klasse / Schülergruppe

So geht's:
Mithilfe des Steckbriefs lernen sich Schüler besser kennen.

1. Die Schüler einer neuen Klasse füllen zuerst den Fragebogen aus.
2. Dann gehen sie in der Klasse herum, um in Gesprächen mit anderen Gemeinsamkeiten herauszufinden.
3. In dieser Phase sollen sie vor allem auf diejenigen zugehen, die ihnen noch nicht bekannt sind. Besonders interessant ist der Austausch der Wünsche, die aufgeschrieben wurden.
4. Am Ende steht die Vorstellung der einzelnen Schüler im Plenum. Die Steckbriefe können später, mit kleinen Fotos versehen, in der Klasse aufgehängt werden.

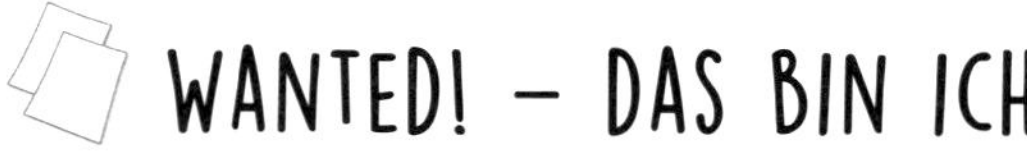

WANTED! – DAS BIN ICH

Name: .... **Alter:** .... Jahre

Wohnort: ....

Geschwister: ....

....

Hobbys und Interessen: ....

....

Lieblingsmusik: ....

....

Lieblingsserie, -filme: ....

....

Lieblingstier: ....

Lieblingsgegenstand: ....

Mein Wunsch an meine Klasse: ....

....

Mein Wunsch an meine Lehrerin, meinen Lehrer:

....

....

Das ist für mich ganz wichtig: ....

....

....

ISBN 978-3-8346-4222-6 | www.verlagruhr.de

Ⓜ WAS SOLL LEON TUN?

Kategorie:

Material: je Schüler ein Arbeitsblatt mit Leons Geschichte (s. Kopiervorlage auf S. 172), Stifte

Dauer: 45 Min.

Teilnehmer: ganze Klasse / Schülergruppe

So geht's:

Das Hineinversetzen in die kurze Leidensgeschichte eines Schülers soll die Empathie fördern, indem gemeinsam Lösungsmöglichkeiten für sein Problem gefunden werden. Es bietet sich an, diese Übung mit der „Vier-Schritt-Regel bei Problemen" (S. 164) zu kombinieren.

1. Die Übung eignet sich besonders für Schüler, die entweder am Ende der Primarstufe (3., 4. Klasse) oder am Anfang der Sekundarstufe I (5., 6. Klasse) stehen.
2. Teilen Sie die Schüler in 2er-Teams ein.
3. Im Anschluss teilen Sie die Arbeitsblätter mit Leons Geschichte aus.
4. Die Fragen sollen in Partnerarbeit kurz diskutiert und auf dem Blatt beantwortet werden.
5. Schließlich werden im Plenum Möglichkeiten und Strategien entworfen, wie Leon geholfen werden könnte. Besonders wichtig wäre der Hinweis, dass die Gruppe nicht zuschauen darf und alle mithelfen sollen, Mobbing oder dauernde Gewalt zu unterbinden.

WAS SOLL LEON TUN?

Leon geht in die 4. Klasse einer kleinen Grundschule. Er hat wenige Freunde und momentan ziemliche Probleme mit zwei seiner Klassenkollegen. Jeden Morgen lauern sie ihm am Schulweg auf und zwingen ihn dazu, ihnen etwas zu geben.
Waren es anfangs nur Süßigkeiten, die sie von ihm forderten, wurde daraus schnell Geld. Als er gestern keinen Euro, wie sonst üblich, dabeihatte, zerrissen sie ihm die Mathematikaufgabe und schlugen ihn 2-mal in den Bauch. Sie drohten ihm, niemandem etwas zu sagen, und am nächsten Tag wieder den Euro mitzubringen, sonst würde es ihm noch schlimmer ergehen. Leon kam an diesem Tag verweint und traurig in der Schule an, wagte es aber nicht, seiner Lehrerin die Wahrheit zu erzählen.

- **Wie geht es Leon deiner Meinung nach?**

  ....

  ....

- **Soll er jemandem von den Vorfällen erzählen oder doch lieber schweigen?**

  ....

- **Bei wem könnte sich Leon Hilfe holen? Wem könnte er sich anvertrauen?**

  ....

- **Was könnten seine Freunde und Schulkameraden machen?**

  ....

- **Wenn du sein Freund wärst, was würdest du zu ihm sagen?**

  ....

  ....

ISBN 978-3-8346-4222-6 | www.verlagruhr.de

M S WAS WIR KÖNNEN

Kategorie: 

Material: keines

Dauer: 15 Min. +

Teilnehmer: ganze Klasse / Schülergruppe

So geht's:

Dieses Spiel dient der Persönlichkeitsstärkung, dem Kennenlernen und einfachen Darstellen.

1. Teilen Sie die Schüler in 4er- oder 5er-Gruppen ein.
2. Jede Gruppe erhält die Aufgabe, für jeden Schüler ein Standbild zu erarbeiten, das ausdrückt, was er gut kann. Einzige Vorgabe ist, dass es sich um eine positive Fähigkeit oder Eigenschaft handeln muss. Alle Teilnehmer der Gruppe sollen Teil des Bildes sein. Sie ergänzen, machen dasselbe – je nachdem, was passt und wie kreativ die Gruppe ist.
3. Nach der Gruppenarbeitsphase werden die Personen im Plenum vorgestellt. Z. B.: „Das ist ... und er kann gut ...“ Wenn es den Schülern leichter fällt, können sie aus dem Standbild heraus auch Bewegungen machen.
4. Abschließend können alle Teilnehmer gemeinsam ihre Haltungen einnehmen, sodass tatsächlich ein echtes Gemeinschaftsfoto mit dem Titel „Was wir können“ gemacht werden kann. Dieses könnte dann vergrößert werden und für eine Weile in der Klasse hängen.

S WENN ICH ... WÄRE

Kategorie: 

Material: keines

Dauer: 20 Min. +

Teilnehmer: ganze Klasse / Schülergruppe

So geht's:

Diese einfache Übung eignet sich zum Kennenlernen, aber auch zum Nachdenken über sich selbst.

1. Stellen Sie die unten stehenden Fragen eine nach der anderen.
2. Der Reihe nach suchen alle Schüler – und auch Sie selbst – nach passenden Antworten.
3. Am Ende kommt es zum Austausch im Plenum.
   - Wenn ich eine Farbe wäre, dann wäre ich ...
   - Wenn ich ein Tier wäre, dann wäre ich ...
   - Wenn ich eine Pflanze/Baum wäre, dann wäre ich ...
   - Wenn ich ein Lied wäre, dann wäre ich ...
   - Wenn ich ein Buch wäre, dann wäre ich ...
   - Wenn ich ein Geruch wäre, dann wäre ich ...
   - Wenn ich ein Geräusch wäre, dann wäre ich ...
   - Wenn ich ein Spiel wäre, dann wäre ich ...
   - Wenn ich ein Superheld wäre, dann wäre ich ...
   - Wenn ich ein Auto wäre, dann wäre ich ...
   - Wenn ich ein besonderer Ort wäre, dann wäre ich ...
   - Wenn ich ein Ding wäre, dann wäre ich ...
   - Wenn ich ein Fabeltier wäre, dann wäre ich ...
   - Wenn ich eine berühmte Person wäre, dann wäre ich ...

S WER BIN ICH?

Kategorie:  

Material: je Schüler ein wasserlöslicher Stift bzw. kleine Zettel und Sicherheitsnadeln

Dauer: 10 Min. +

Teilnehmer: 10 +

So geht's:
Bei diesem kommunikativen Spiel gilt es, durch geschickte Fragestellungen möglichst schnell herauszufinden, welche berühmte Person man darstellt.

1. Schreiben Sie jedem Teilnehmer den Namen einer bekannten Persönlichkeit (aus Sport, Film, Fernsehen, Politik, Pop etc.) mit einem wasserlöslichen Stift auf die Stirn bzw. befestigen Sie schon vorbereitete Zettel mit einer Sicherheitsnadel an deren Rücken.
2. Niemand kennt also seine eigene Identität. Alle Teilnehmer bewegen sich nun durch den Raum und dürfen sich gegenseitig immer nur eine Frage stellen, die lediglich mit Ja oder Nein beantwortet werden darf.
3. Nach jeder Frage sucht man sich einen neuen Gesprächspartner. Ziel ist es, möglichst schnell herauszufinden, wer man selbst ist.
4. Im weiteren Verlauf kann sich daraus dann eine echte Vorstellungsrunde ergeben.

M S

WER IST DAS?

Kategorie:

Material: je Schüler ein DIN-A5-Blatt, Stifte

Dauer: 45 Min.

Teilnehmer: ganze Klasse / Schülergruppe

So geht's:

Hierbei handelt es sich um eine Übung für neue Klassen nach der ersten Kennenlernphase.

1. Besprechen Sie mit den Schülern, was alles wichtig ist, wenn man andere Menschen beschreibt.
2. Dann wird ausgelost, wer wen beschreiben soll. Auch Sie als Lehrkraft können mitmachen.
3. Jeder Schüler schreibt nun einen kurzen Steckbrief über die ihm zugewiesene Person auf ein A5-Blatt, ohne den Namen des Mitschülers zu nennen.
4. Anschließend werden die Blätter abgegeben. Mischen Sie sie gut durch und lassen Sie jeden Schüler eines ziehen. Dann werden die Beschreibungen einzeln vorgelesen und nach jeder kurzen Vorstellung kann geraten werden, auf wen der Steckbrief zutreffen könnte.
5. In der Auswertungsphase kann auch darüber gesprochen werden, wie schwer oder leicht es war, andere zu erraten, und wie es war, wenn nicht herausgefunden wurde, um wen es ging.

S WER IST WER?

Kategorie:

Material: evtl. Augenbinden

Dauer: 10 Min. +

Teilnehmer: 7 +

So geht's:

In dieser Übung geht es darum, andere Gruppenmitglieder durch Tasten zu erkennen. Klären Sie vorher, ob alle mit dem gegenseitigen Berühren einverstanden sind.

1. Teilen Sie die Schüler in Gruppen mit etwa sieben bis zehn Personen ein.
2. Ein Gruppenmitglied schließt die Augen oder bekommt eine Augenbinde. Danach tastet es einen Teilnehmer nach dem anderen ab (Gesicht, Kopf, Oberkörper, ganzer Körper) und versucht, zu erraten, wer vor ihm steht.

Eine **Variante**, die etwas schwieriger ist:

1. Teilen Sie eine größere Gruppe in zwei Hälften. Die eine Hälfte verteilt sich im Raum und schließt die Augen.
2. Nun geht die andere Hälfte zu je einem Teilnehmer und stellt sich vor ihn. Brillen sollten vorher abgenommen werden. Durch eine leichte Berührung, ein kurzes Antippen wissen die Schüler, dass jemand vor ihnen steht. Dann betasten sie Gesicht, Kopf, Haare und Schultern des Gegenübers und sollen herausfinden, wer es ist.

M WER MICH HÖREN KANN, DER KLATSCHT

Kategorie: ♡

Material: keines

Dauer: 5 Min. +

Teilnehmer: ganze Klasse / Schülergruppe

So geht's:

Diese Übung bringt, ein paar Mal probiert, schnell Ruhe in die Klasse, sollte es einmal zu laut sein (zu Beginn, nach einem Spiel oder einer aufregenden Stunde etc.).

1. Sagen Sie in normaler Lautstärke: „Wer mich hören kann, klatscht einmal." Diejenigen Schüler, die diesen Satz gehört haben, reagieren, indem sie einmal klatschen. Somit erkennen die anderen das Signal.
2. Dann sagen Sie: „Wer mich hören kann, klatscht 2-mal."
3. Spätestens bei der dritten Runde sollten alle mitklatschen.

Ⓜ WER SUCHET, DER FINDET

Kategorie:

Material: je Schüler Kopie des Arbeitsblattes „Wer suchet, der findet“ (s. Kopiervorlage auf S. 180), Stifte

Dauer: 10 Min. +

Teilnehmer: ganze Klasse / Schülergruppe

So geht's:
Diese kommunikative Übung schafft eine rasche Interaktion und bietet Möglichkeiten zur Kontaktaufnahme und zum weiteren Kennenlernen.

1. Teilen Sie an jeden Teilnehmer das Arbeitsblatt aus.
2. Dann gehen die Schüler im Raum umher, befragen andere Personen und versuchen so, mit möglichst vielen in Kontakt zu kommen. Sobald sie jemanden gefunden haben, der eines der Kriterien auf ihrem Arbeitsblatt erfüllt, notieren sie das in ihrem Raster. Wichtig dabei ist, dass sie auf jeden Fall den Vornamen, wenn nötig, auch den Zunamen der befragten Person dort festhalten.
3. Wer alle Kästchen ausgefüllt hat, ruft „Bingo“. Die anderen dürfen aber noch ein bisschen weiterspielen. Je mehr Bingos, desto besser – schließlich geht es ja um das Kennenlernen.
4. Zum Schluss sitzen alle im Stuhlkreis und es kommt zum Austausch über die Ergebnisse bzw. Sie können einzelne Schüler auch über ihre besonderen Erlebnisse berichten lassen.

WER SUCHET, DER FINDET

Gehe im Raum herum und finde Personen, die den Anforderungen in den Kästchen entsprechen. Schreibe den jeweiligen Namen dort hinein.

Suche jemanden, der/die …

… bei einem Sportverein Mitglied war (oder noch ist). …………	**… schon einmal einen Zug an einer Zigarette gemacht hat.** …………	**… schon einmal in der Bundeshauptstadt war.** …………	**… einen Spitz- oder Kosenamen hat.** …………
… schon auf einen hohen Berg gestiegen oder gewandert ist. …………	**… ab und zu mit dem Rad in die Schule fährt.** …………	**… im Juli oder August Geburtstag hat.** …………	**… schon einmal verliebt war.** …………
… schon einmal auf einem anderen Kontinent Urlaub gemacht hat. …………	**… schon einmal eine Ohrfeige bekommen hat.** …………	**… schon eine Fahrt mit einer Seilbahn gemacht hat.** …………	**… schon einmal allein einen Kuchen gebacken hat.** …………
… schon einmal eine Nacht im Zelt verbracht hat. …………	**… schon einmal mit einem Mofa oder Moped gefahren ist.** …………	**… schon einmal bei einer großen Veranstaltung war (Konzert, Sport …).** …………	**… sich schon einmal selbst die Haare geschnitten hat.** …………

ISBN 978-3-8346-4222-6 | www.verlagruhr.de

S WERTSCHÄTZENDE GRUßKARTEN

Kategorie:

Material: je Schüler eine DIN-A6-Karte, Stifte

Dauer: 15 Min. +

Teilnehmer: ganze Klasse / Schülergruppe

So geht's:

Jeder in der Klasse erhält von jemand anderem eine Grußkarte und somit auch etwas fürs Herz.

1. Alle Schüler erhalten eine A6-Karte.
2. Dann wird ausgelost, wer wem eine wertschätzende Karte schreiben soll. Positive Sätze findet man zu jeder Person, wenn man sie neutral und objektiv betrachtet. Auch Sie als Lehrkraft können bei dieser Übung mitmachen.
3. Jeder Schüler überlegt sich, welche Sätze ihm zu seiner zugeteilten Person einfallen, z. B.: Du kannst gut Fußball spielen. Du bist eine gute Freundin. Bleib so, wie du bist. Was mir besonders an dir gefällt, ist ...
4. Diese Karten werden natürlich unterschrieben und können auch noch farblich gestaltet werden.
5. Anlässe könnten der Schulbeginn, die Vorweihnachtszeit oder der Schulschluss sein bzw. man macht das einfach so zwischendurch.
6. Sobald alle fertig sind, geben die Schüler einander ihre positiven Karten und evtl. könnte man sie im Klassenzimmer in einer Wertschätzungsecke aufhängen.

S WIE VIELE VIERECKE SIND ES?

Kategorie: 

Material: je Arbeitsgruppe ein Arbeitsblatt „Wie viele Vierecke sind es?“ (s. Kopiervorlage auf S. 183), Stifte

Dauer: 25 Min. +

Teilnehmer: ganze Klasse/Schülergruppe

So geht's:
Bei dieser interessanten Übung soll in Gruppen herausgefunden werden, wie viele Vierecke sich auf dem Blatt versteckt haben. Die Lösung verblüfft die meisten Leute.

1. Teilen Sie die Schüler in 3er- oder 4er-Gruppen ein.
2. Anschließend bekommt jede Gruppe ein Arbeitsblatt. Erklären Sie die Aufgabe, die sich eigentlich simpel anhört: Die Teilnehmer sollen herausfinden, wie viele Vierecke sich in der Zeichnung versteckt haben.
3. Nach etwa 10 Minuten werden die Antworten eingeholt und notiert.
4. Schlussendlich wird das Geheimnis gelüftet, wobei die meisten ob der hohen Zahl überrascht sein werden. Es gibt nämlich insgesamt 45 Vierecke! Der eigentliche Lerneffekt bei dieser Rätselaufgabe sollte sein, dass wir als Team meist erfolgreicher sind als allein – in diesem Fall sehen sechs oder acht Augen mehr als nur zwei.

Hier die genaue Auflistung: Es gibt ein großes Quadrat: Dieses besteht aus neun kleinen Quadraten, zwölf Rechtecken mit je zwei Würfeln, sechs Rechtecken mit je drei Würfeln, vier Quadrate mit je vier Würfeln und vier Rechtecken mit jeweils sechs Würfeln (gesamt 36).
Und dann ist da noch das eine kleine Quadrat im rechten oberen Teil, bestehend aus vier kleineren Quadraten und vier Rechtecken mit je zwei kleinen Würfeln (neun) – gesamt also 45!

WIE VIELE VIERECKE SIND ES?

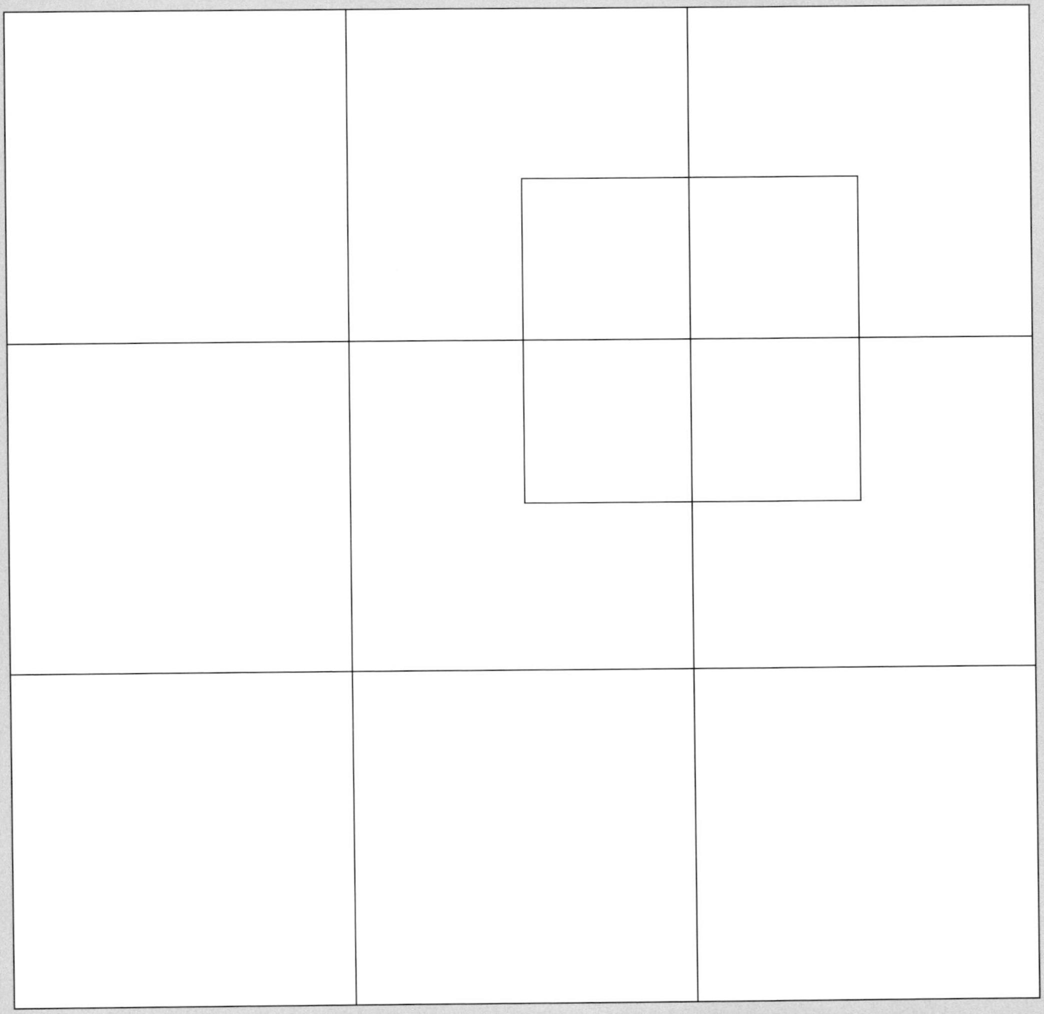

M WIR MACHEN ALLE FEHLER

Kategorie:   

Material: keines

Dauer: 45 Min.

Teilnehmer: ganze Klasse / Schülergruppe

So geht's:

In dieser Sequenz geht es darum, zu erkennen, dass es nicht schlimm ist, Fehler zu machen, sondern dass es entscheidend ist, wie man mit ihnen umgeht.

1. Geben Sie einen Impuls zum Thema, ein Zitat mit dem Wort „Fehler" o. Ä. Möglich wäre auch die provokative Frage, wer von der Klasse glaubt, fehlerlos zu sein.
2. Nach dem Einstieg bitten Sie die Schüler, darüber nachzudenken, wann sie in ihrem Leben einen Fehler gemacht haben, der ihnen leidgetan hat. Fragen, die dazu anleiten könnten, wären etwa:
   - Welchen Fehler hast du gemacht?
   - Wann war das?
   - Wie hat deine Umgebung darauf reagiert?
   - Was hast du danach gemacht?
   - Wie hast du dich gefühlt?
3. Teilen Sie die Schüler in 2er-Teams ein, die sich im Murmelgespräch austauschen sollen. Wenn sie von ihren Fehlern berichten, soll es auch eine Rolle spielen, wie damit umgegangen wurde. Die Schüler erzählen so viel sie eben möchten, vielleicht auch davon, ob sie mit der damaligen Bewältigung zufrieden waren oder ob sie aus heutiger Sicht etwas anders machen würden.

4. In der Reflexionsphase kommt es zum Austausch im Plenum. Einige Fehlerbeispiele (vielleicht auch eines von Ihnen selbst) werden exemplarisch behandelt. Dann gilt es, gemeinsam und ehrlich zu ergründen, warum es Menschen oft so schwerfällt, Fehler zuzugeben oder sie sich einzugestehen. Mögliche Gründe dafür sind vor allem Ängste
   - vor der Reaktion des anderen.
   - vor Konsequenzen.
   - Schwächen zuzugeben.
   - sich zu blamieren oder bloßzustellen.
5. Als nächster Schritt folgt die Zusammentragung, welche Möglichkeiten es gibt, Fehler wiedergutzumachen. Einige Beispiele dafür wären:
   - sich (ehrlich) entschuldigen, um Verzeihung bitten
   - eine kleine Aufmerksamkeit besorgen
   - einen Brief schreiben
   - versprechen, es nicht mehr zu tun
   - Einsicht zeigen
   - erklären, wie es dazu kommen konnte
   - Nachricht am Handy senden
   - anrufen
   - nachfragen, was man als Wiedergutmachung machen könnte
   - dem anderen etwas Gutes tun
6. Eine Erweiterung wäre mit Rollenspielen möglich. Dafür könnte man praktische Beispiele vom Beginn nehmen. Indem man verschiedene Varianten durchspielt, kann die Reaktion des Betroffenen auf die unterschiedlichen Vorgangsweisen beobachtet werden. In der abschließenden Diskussion kann man die Erfahrungen noch einmal erörtern.

M WIR SPIELEN ALLE EINE ROLLE

Kategorie: ♡

Material: je Schüler ein DIN-A4-Blatt, Zirkel, Stifte

Dauer: 45 Min.

Teilnehmer: ganze Klasse/Schülergruppe

So geht's:

Diese Übung dient der Reflexion über die eigene Identität und die unterschiedlichen Rollen, die wir im Leben spielen. Außerdem geht es um das Wahrnehmen von Gemeinsamkeiten und Unterschieden in der Gruppe.

1. Die Teilnehmer erhalten alle ein A4-Blatt, auf das sie mit einem Zirkel einen großen Kreis zeichnen. Die Überschrift lautet: „Identitätstorte" bzw. „Rollentorte".
2. Dann haben die Schüler ca. 10 Minuten Zeit, um darüber nachzudenken, welche Rollen und Identitäten sie in ihrem Leben haben. Lassen Sie zwei oder drei nennen, damit klar wird, worum es geht. Diese Begriffe werden unter dem Kreis notiert. Beispiele: Junge/Mädchen, Sohn/Tochter, Bruder/Schwester, Freund/in, Schüler/in, Enkel/in, Spieler/in im Fußballclub, Mitglied der Feuerwehr, Musikschüler/in usw.
3. Wenn das geschehen ist, lesen die Schüler abwechselnd eine ihrer Rollen und Identitäten vor. Notieren Sie diese an der Tafel. All diejenigen, die diesen Begriff ebenfalls auf ihrem Blatt notiert haben, stehen kurz auf. Durch diese Übung gelangen viele Informationen schnell in die Gruppe und es kommt etwas Bewegung in die Klasse.
4. Schüler, die eine Rolle, die auch auf sie zutrifft, noch nicht auf ihrem Zettel stehen haben, können jederzeit ergänzen.
5. Am Ende teilen die Schüler ihren Kreis in Tortenstücke ein und tragen ihre wichtigsten Rollen und Identitäten darin ein.

S WORTSALAT

Kategorie: ☺
Material: keines
Dauer: 10 Min. +
Teilnehmer: ganze Klasse / Schülergruppe

So geht's:

Dieses bekannte Spiel kann auch in einer sozialen Variante versucht werden.

1. Teilen Sie die Klasse in 5er-Gruppen auf. Eine von ihnen verlässt nach der Erklärung des Spiels den Raum.
2. Sagen Sie den anderen Gruppen dann je ein Wort mit fünf Silben, z. B. Ge-mü-se-sup-pe.
3. Alle Mitglieder einer Gruppe haben also eine Silbe, die sie permanent und gut verständlich sagen, wenn jemand zu ihnen kommt.
4. Die Teilnehmer von draußen werden hereingerufen. Sie gehen nun von Gruppe zu Gruppe und versuchen möglichst rasch, die Wörter in der richtigen Zusammensetzung herauszufinden.
5. Wenn alle Wortsalate erfolgreich gelöst wurden, erfolgt der Wechsel und eine andere Gruppe wird hinausgeschickt, so lange, bis alle Gruppen einmal an der Reihe waren.
6. In der sozialen Variante können Sie z. B. folgende Wörter vorgeben: verantwortungsvoll, Kooperation, Kommunikation, Zusammenarbeit, Klassengemeinschaft, Einfühlungsvermögen etc.
   Eine weitere Option wäre, einen Slogan, der aus fünf (oder auch mehr) Wörtern besteht, in die richtige Reihenfolge zu bringen. Hier sind drei Beispiele:
   - „Nur gemeinsam sind wir stark!"
   - „Sei immer nett und höflich."
   - „Bei uns wird niemand ausgeschlossen."

Ⓜ WUNSCHBALLON

Kategorie: 

Material: je Schüler ein Luftballon

Dauer: 45 Min.

Teilnehmer: ganze Klasse/Schülergruppe

So geht's:

Hier wird ein schneller Einstieg in einen Workshop o. Ä. vorgestellt. Die Übung ist aber auch gut zum Kennenlernen geeignet.

1. Stellen Sie den Teilnehmern zwei Fragen: „Was wünscht du dir bzw. was erwartest du dir vom Workshop?“ und „Was bin ich bereit, einzubringen?“
2. Alle denken kurz nach, sprechen dann über ihre Beiträge und schreiben ihre Antworten auf einen größeren Luftballon (permanenter Stift!). – Beispiel einer möglichen Antwort: „Ich wünsche/erwarte mir viel Spaß und bringe gute Laune mit.“
3. Selbiges kann auch am Anfang einer neuen Klasse stehen, als eine der Möglichkeiten zum Kennenlernen, zum Erarbeiten von Klassen- und Kommunikationsregeln etc. Die zweite Frage bleibt gleich, die erste wird nur leicht adaptiert: „Was wünscht du dir von deiner neuen Klasse?“. – Eine von vielen Antwortmöglichkeiten: „Ich wünsche mir, dass niemand ausgeschlossen wird. Ich bin bereit, allen zu helfen, wenn sie etwas brauchen.“

(M) WUT-ABC UND TUT-GUT-ABC

Kategorie:

Material: je Schüler ein DIN-A4-Blatt, Stifte, evtl. ein Plakat

Dauer: 45 Min.

Teilnehmer: ganze Klasse / Schülergruppe

So geht's:

Die Gegenüberstellung von Wörtern, die wir mit Wut und Aggression assoziieren bzw. mit Begriffen, die gut für unser Wohlbefinden sind, bietet viele Diskussionsmöglichkeiten über das Klima in der Klasse und positives Verhalten in der Gruppe.

1. Teilen Sie die Schüler in 2er-Teams ein. Jedes Duo schreibt auf einem A4-Blatt alle Buchstaben des Alphabets auf.
2. In einer ersten Runde werden zuerst negative Gedanken, Wörter, Begriffe zum Thema Wut, Gewalt, Aggression und Konflikt notiert, z. B. A = Angst, B = brutal, C = chemische Waffen ...
3. Nach einiger Zeit werden die Ergebnisse im Stuhlkreis ausgetauscht, Fehlendes wird ergänzt, Interessantes notiert.
4. In einem zweiten Durchgang wird das „Tut-gut-Abc" erstellt. Dabei wird alles Positive zum Thema neben den Buchstaben geschrieben. Die Schüler denken darüber nach, was sie brauchen bzw. was getan werden muss, dass es ihnen gut geht und sie sich sicher und angenommen fühlen.
5. Auch daran schließt eine Reflexionsrunde mit dem Austausch der gefundenen Begriffe an.
6. Ergänzend dazu, kann ein Klassenplakat mit dem gemeinsamen „Tut-gut-Abc" erstellt und aufgehängt werden.

Ⓜ WUTTRICKS

Kategorie:

Material: je Arbeitsgruppe ein DIN-A4-Blatt, Stifte

Dauer: 45 Min.

Teilnehmer: ganze Klasse / Schülergruppe

So geht's:

Die nachfolgende Einheit widmet sich ganz dem Thema Wut.

1. Die Klasse wird in 3er-Gruppen aufgeteilt.
2. Die Kleingruppen besprechen folgende, von Ihnen gestellte Fragen:
   - Wann warst du das letzte Mal wütend? Weshalb?
   - Was muss jemand tun, damit du so richtig wütend wirst? Wie wird deine Wut ausgelöst?
   - Wie äußert sich deine Wut? Was machst du dann?
   - Ist das gut so?
3. Nach jeder kurzen Besprechungsphase richten Sie die Fragen ans Plenum, nehmen einige Stimmen heraus und sorgen so für einen regen Austausch.
4. Dann erhalten die Gruppen jeweils ein Blatt, auf dem sie aufschreiben und notieren sollen, wie man mit seiner Wut besser umgehen könnte. Gefragt sind all jene Aktivitäten und ablenkenden Handlungen, die eine wütende Person davon abhalten können, etwas Unbedachtes zu sagen oder zu tun. Wichtig ist es, den Schülern auch mitzugeben, dass jeder Mensch das Recht hat, wütend zu sein und das Gefühl von Wut zu spüren. Das gibt einem aber nicht das Recht, zu anderen gemein oder böse zu sein!

5. Oft genannte Möglichkeiten sind u. a.:
   - Hände und Gesicht kalt waschen
   - Musik hören
   - Sport betreiben
   - spazieren gehen
   - mit einem Tier spielen
   - sich umdrehen und weggehen (stopp – atmen – beruhigen)
   - handwerken oder basteln
   - etwas im Garten machen
   - sich mit einem Freund oder einer Freundin treffen
   - mit den Fäusten auf ein Polster schlagen
   - sich ins Zimmer zurückziehen
   - malen
   - Computerspiele spielen
   - fernsehen
   - ein Buch lesen
   - mit anderen reden

All diese Aktivitäten werden gesammelt (Tafel, Flipchart, PC …) und die Schüler ergänzen ihre Blätter.

S YOU! – NETZÜBUNG

Kategorie:

Material: evtl. 2 verschiedenfarbige Bälle

Dauer: 10 Min. +

Teilnehmer: ganze Klasse / Schülergruppe

So geht's:

Dieses Spiel eignet sich zum Kennenlernen, zur Konzentration oder für zwischendurch.

1. Alle Teilnehmer stehen im Kreis. Sie beginnen, indem Sie auf ein Mitglied der Gruppe zeigen und „You" sagen. Diese Person macht weiter, zeigt auf jemanden anderen und sagt ebenfalls „You". Das geht so lange weiter, bis Sie am Ende zuletzt an die Reihe kommen und das erste Netz fertig ist. Damit im Verlauf der Übung jeder weiß, wer noch nicht dran war, heben zu Beginn alle eine Hand. Die Hand wird gesenkt, sobald man „You" gesagt hat. Alternativ kann man für das Kennenlernen auch die Vornamen nennen.
2. Die Runde geht wieder von vorn los und alle merken sich, von wem sie das „You" erhalten und an wen sie es weitergegeben haben. Dies geht nun einige Runden weiter, bis ein richtig schöner Fluss entsteht und man schon frühzeitig weiß, wann man dran ist.
3. Hat die Gruppe die Übung gut absolviert, kann man ein neues Netz etablieren, mit den gleichen Vorgaben wie oben. Statt „You" oder den Namen zu sagen, kann man nun Sportarten, Lieblingsessen, Hobbys, Urlaubsländer o. Ä. für ein zweites Netz verwenden.
4. Nach einiger Zeit, wenn auch das gut funktioniert, wiederholt man das erste Netz und legt danach als Krönung beide übereinander. Man beginnt mit dem „You"- bzw. Namensnetz und startet kurz darauf mit dem zweiten.

Zusätzlich können auch Bälle im Spiel verwendet werden. So wirft man bei „You" oder dem Vornamen einen roten Ball zur jeweiligen Person und einen andersfarbigen Ball beim Hobbynetz. Wichtig dabei ist, erst zu werfen, wenn Augenkontakt hergestellt wurde!

S ZÄHLEN BIS 21

Kategorie: 

Material: keines

Dauer: 10 Min. +

Teilnehmer: 10 +

So geht's:

Dieses Spiel sensibilisiert die Schüler für den Umgang miteinander und bestärkt sie darin, auf die Signale der anderen zu achten.

1. Bilden Sie mit den Teilnehmern einen Kreis. Bitten Sie alle, die Augen zu schließen und sich zu konzentrieren.
2. Ziel der Gruppe ist es, mit geschlossenen Augen von 1 bis 21 zu zählen. Die Schwierigkeit besteht darin, dass immer nur ein Teilnehmer allein die nächste Zahl sagen darf – und zwar ohne Absprache und System.
3. Sprechen zwei Personen gleichzeitig, muss die Gruppe wieder mit der Zahl 1 beginnen.
4. Geben Sie Ihren Schülern mit auf den Weg, worauf es bei dieser Übung ankommt: sich Zeit lassen, den „richtigen" Moment für sich erspüren.
5. Um die Übung für die Gruppe attraktiv zu halten und den Ehrgeiz anzustacheln, können Sie einen Zettel mit der höchsten erreichten Zahl aufhängen. Beim nächsten Mal soll dieser Rekord gebrochen werden.

Variante: Eine einfachere Version dazu heißt „In den Kreis steigen": Dabei stehen alle Teilnehmer in einem größeren Kreis, haben aber die Augen geöffnet. Das Spielprinzip bleibt gleich. Die Gruppe versucht nun, von einem Außenkreis in einen Innenkreis zu steigen. Dabei macht ein beliebiger Teilnehmer beim Nennen der jeweils nächsten Zahl einen kleinen Schritt Richtung Mitte. Bei Doppelnennung müssen alle wieder in die Kreisaufstellung des Anfangs.

S ZEICHNEN IM DUETT

Kategorie: 

Material: Stifte, je Schülerpaar ein DIN-A4-Blatt, evtl. leise Musik, Abspielgerät

Dauer: 10 Min. +

Teilnehmer: 10 +

So geht's:
Bei dieser Übung geht es um das soziale Miteinander, um Rücksichtnahme und das Übernehmen von Verantwortung, um Führen und Folgen.

1. Teilen Sie die Gruppe in Paare auf, wobei jedes Paar ein leeres Blatt und einen Stift erhält.
2. Nun sollen die Teilnehmer gemeinsam mit ihren Partnern ohne jegliche Absprache eine Zeichnung machen.
3. Beide halten zu jeder Zeit den Stift, über den die einzige Kommunikation erfolgt.
4. Wenn sie fertig sind, sollen sich die Paare auf einen Titel einigen und schließlich ihr Werk im Plenum präsentieren.
5. Im Anschluss daran kann ein Erfahrungsaustausch stattfinden.

Man kann die Übung mit Entspannungsmusik begleiten. Bei der Auswertung könnte man Fragen behandeln, wie z. B.: Wie war die Arbeit mit dem Partner? Wer hat begonnen? Wer führte? Was war leichter bzw. schwerer – führen oder folgen?

Ⓜ ZEIT-PIZZA

Kategorie: ♡

Material: je Schüler 2 DIN-A4-Blätter, Stifte

Dauer: 45 Min.

Teilnehmer: ganze Klasse / Schülergruppe

So geht's:

Bei dieser Übung geht es um das Erkennen, wie die zur Verfügung stehende Zeit genutzt wird.

1. Geben Sie Ihren Schülern die Aufgabe, darüber nachzudenken, wofür sie normalerweise die meiste Zeit aufwenden. Dies sollen sie auf ihren A4-Blättern notieren.
2. Im Stuhlkreis tauschen sie dann die Ergebnisse aus. Folgende Wörter werden bestimmt genannt werden:
   Schule, im Haushalt helfen, Sport, Handy, Computerspiele, Familie, Freunde, Haustier, Social Media, Schlafen
3. Nun sollen alle darüber nachdenken, wie viel Zeit genau, also die ungefähre Stundenzahl, sie im Durchschnitt pro Tag für welche Beschäftigung aufwenden.
4. Wenn das geschehen ist, nehmen die Schüler sich ein weiteres A4-Blatt, schreiben als Überschrift „Meine Zeit-Pizza" und zeichnen mit dem Zirkel einen Kreis.
5. Entsprechend den Stunden soll nun eine ungefähr passende Aufteilung der Aktivitäten pro Tag gefunden werden. So entstehen größere und kleinere Pizzateile, die mit der jeweiligen Beschäftigung beschriftet und mit verschiedenen Farben bemalt werden.
6. Am Ende wird im Stuhlkreis über die unterschiedlichen Pizzen gesprochen.
   Daran anknüpfend, könnte man Fragen stellen, wie: Was ist Freizeit? Was bestimmt zeitlich deinen Tag? Wie viel Zeit verbringst du zu Hause und wie viel an anderen Orten? Erlebst du deine Freizeit bewusst?

S ZWIEBELSPIEL

Kategorie: 

Material: Musik, Abspielgerät

Dauer: 10 Min. +

Teilnehmer: ganze Klasse / Schülergruppe

So geht's:

Das Zwiebelspiel ist nicht zum Weinen, sondern soll ganz im Gegenteil Spaß in die Gruppe bringen.

1. Teilen Sie die Klasse in zwei Gruppen ein. Eine Hälfte stellt sich in einen Innen-, die andere in den Außenkreis. Die Teilnehmer sind einander zugewandt. Sollte es eine ungerade Zahl geben, dann hat der Innenkreis eine Person mehr.
2. Geben Sie Anweisungen, die von den beiden sich gegenüberstehenden Schülern ausgeführt werden müssen. Nach jeder Aufgabe gehen die Teilnehmer im Außenkreis um eine Position im Uhrzeigersinn weiter und somit hat jede Person ein neues Gegenüber.
3. Mögliche Aufgaben und kleine Übungen, die – mit Musik untermalt – von Ihnen angesagt werden:
   - Male auf dem Rücken deines Partners ein Bild.
   - Findet zwei Dinge, die ihr beide überhaupt nicht mögt.
   - Schaue dir deinen Partner gut an, drehe dich um und erkenne dann drei Veränderungen, die er gemacht hat.
   - Findet drei Gemeinsamkeiten heraus.
   - Sprecht über eure Lieblingsmusik.
   - Stellt zu zweit eine Skulptur mit einem Gefühl dar.
   - Macht gemeinsam ein Tänzchen.
   - Unterhaltet euch kurz über die letzten Ferien oder den Urlaub.

GEFÜHLSKÄRTCHEN

traurig	gelangweilt	entspannt
fröhlich	cool	übermütig
beleidigt	wütend	ärgerlich
schüchtern	lustig	verzweifelt
verlegen	verletzt	ängstlich
betroffen	neugierig	aufgeregt
müde	freundlich	einsam
glücklich	unsicher	hinterlistig
besorgt	schadenfroh	arrogant
verliebt	überrascht	erstaunt
schuldbewusst	erschrocken	albern

TABELLARISCHE ÜBERSICHT DER ÜBUNGEN

Alphabetische Liste

M = Methode, aufbauende Übung

S = Spiel, praktische Übung/Aufgabe

[☺] = „Just for Fun“

[Konflikte-Symbol] = Konflikte

[Kennenlernen-Symbol] = Kennenlernen

[Kooperation-Symbol] = Kooperation

[Kommunikation-Symbol] = Kommunikation

[♡] = Wahrnehmung

NAME	M	S	Just for Fun	Konflikte	Kennenlernen	Kooperation	Kommunikation	Wahrnehmung
Alle hängen zusammen	■				X	X		
Auf die Decke, fertig, ...		■	X					
Auf dünnem Eis		■				X	X	
Aufstellen mit Augenbinden		■			X	X		X
Außenseiter eingliedern	■			X			X	X
Babyfotos		■	X		X			
Bauer, Ziege, Kohl und Wolf		■	X				X	
Baumeister und Imitator		■					X	X
Beruhige dich	■			X			X	X
Besuch der Wunschfee	■			X			X	X
Bilder meiner Stimmung	■							X
Bleib wachsam	■			X			X	X
Dankeschön	■							X
Das kopierte Denkmal		■						X
Der erste Stein	■			X		X	X	
Der laute Luftballon		■						X
Der Schatz in dir	■							X
Der schlechte Ton	■	■						X
Der unsichtbare Wichtel		■			X			X
Die freundliche große Pause	■						X	X
Die papierene Basis		■				X		
Die Tür zu meinem Herzen	■	■			X			X
Die Zeit läuft		■			X			
Drei Freunde		■			X			X
Drei Gewinnt – Variante		■	X				X	

TABELLARISCHE ÜBERSICHT DER ÜBUNGEN

NAME	M	S						
Du gehörst dazu!	■							X
Eierfall		■	X			X	X	
(Ein-)Blick in meinen Kopf	■							X
Ein Freund, ein guter Freund	■					X	X	X
Emotionen an der Wand		■						X
Emotionen mit Maske		■					X	X
Fair Play	■		X	X			X	
Feedback geben	■						X	
Fehlerrallye		■				X		X
Fünf Finger für die Stille	■							X
Gefühle-Memo		■	X					X
Gefühle-Pantomime		■						X
Gemeinsam auf dem Weg	■				X	X		
Gemeinsamkeiten u. Unter.	■				X			X
Gemischter Buchstabensalat	■					X		
Geometrische Figuren bilden		■				X		X
Gewittermassage		■						X
Gummibären u. Zitronenlimo	■		X			X	X	
Gymnastik im Dunkeln		■	X					
Hallo, Echo!	■						X	
Heißer Stuhl	■			X				X
Hochstapler		■				X		
Hör mir zu!	■						X	
Hurra!		■	X					
Ich bin ganz Ohr – Zuhören	■							X
Ist da jemand?	■						X	X
Jeder ist ein Star	■				X	X		X
Klassenbarometer	■							X
Klassenregeln erarbeiten	■				X	X	X	X
Klassenvertrag	■					X	X	X
Klatschen und Ducken		■	X					
Konfliktbarometer	■			X			X	X
Konflikte lösen durch Theater	■			X			X	X
Konflikte – Spinnwebanalyse	■			X			X	

NAME	M	S	☺	⚡	🤝	🧩	📢	♡
Konflikte – Tour zum Frieden	■			X			X	
Konfliktstandbilder	■			X			X	X
Konfliktsymbole	■			X			X	
Konfliktwolke	■			X			X	X
Kooperativer Sesseltanz		■	X			X		
Kreishocke		■	X			X		
Küsschenkreis		■	X					
Lachen ist gesund!	■	■	X					X
Luftballonsofa		■				X		X
Luftballonwanderung		■	X			X		
Meine Insel – meine Grenze	■						X	X
Meinen Gefühlen auf d. Spur	■							X
Meine Traumschule	■		X				X	X
Mein Friedensschild	■	■						X
Mein Hobby – (non-)verbal	■						X	X
Mein Körper, meine Gefühle	■					X	X	X
Mein Schatz	■							X
Momentaufnahmen		■						X
Moskito – Henne – Tiger		■	X					
Mut tut gut – Zivilcourage	■			X				X
Oh ja!-Spiel		■	X					
Partnerduft		■	X					X
Platz ist in der kleinsten Hütte		■				X		
Platztausch		■	X			X		
Recht haben	■						X	X
Reif für die Insel?	■					X	X	
Riesenschlange		■				X		X
Roboter-Steuerung	■		X			X	X	
Rückwärts in das Netz	■					X		X
Sagenumwobener Teppich		■				X	X	
Schatten-Spiel		■						X
Schritt für Schritt		■	X		X			X
Sesam, öffne dich		■						X
Sinnes-Quiz		■				X	X	X
Skulpturenkopie		■						X

TABELLARISCHE ÜBERSICHT DER ÜBUNGEN

NAME	M	S						
Soziales Kofferpacken	■		X					X
Spielestationen erfinden		■	X			X	X	
Statuen raten		■					X	X
Steine aus dem Weg räumen	■					X	X	
Stiftetango		■	X			X		X
Stille Post am Rücken		■	X					X
Stromfluss		■						X
Tagesrückschau	■							X
Talentebaum	■				X	X		X
Textnachricht		■						X
Tortenvorstellung	■	■			X			X
Tut-gut-Blatt	■					X		X
Über diese Treppe		■	X			X		
Übrig bleiben	■	■						X
Unrecht im Klassenzimmer	■			X				X
Unsere Glücksbahn	■	■					X	X
Unsere Klasse ist wie …	■					X		
Unsere Wutbahn	■	■					X	X
Verfälschte Wahrheit		■	X					X
Vertrauenskreis		■				X		X
Vier-Schritt-Regel	■			X				X
Viertelplakat – So bin ich	■	■			X			X
Visitenkarten tauschen	■				X			X
Von Schoß zu Schoß		■	X					
Vorstellung mit einer Lüge		■			X		X	
Wanted! – Das bin ich	■				X		X	
Was soll Leon tun?	■			X			X	X
Was wir können	■	■			X	X		
Wenn ich … wäre		■			X			X
Wer bin ich?		■	X		X	X		
Wer ist das?	■	■			X			X
Wer ist wer?		■			X			X
Wer mich hören kann …	■							X
Wer suchet, der findet	■				X		X	

NAME	M	S						
Wertschätzende Grußkarten						X		X
Wie viele Vierecke sind es?						X		X
Wir machen alle Fehler				X			X	X
Wir spielen alle eine Rolle								X
Wortsalat			X					
Wunschballon					X		X	
Wut-Abc und Tut-gut-Abc							X	X
Wuttricks				X			X	X
You! – Netzübung					X			X
Zählen bis 21						X		X
Zeichnen im Duett						X		X
Zeit-Pizza								X
Zwiebelspiel			X			X		X

Tabellarische Übersicht der Übungen

Nach Kategorien und Bereichen

Spiele und Übungen aus dem Bereich „Just for Fun"

- Bewegung und Aufwärmen
- Spiel und Spaß
- Allerlei

NAME	S.	NAME	S.
Auf die Decke, fertig, ...	19	Moskito – Henne – Tiger	114
Babyfotos	23	Oh ja!-Spiel	117
Bauer, Ziege, Kohlkopf und Wolf	24	Partnerduft	118
Drei Gewinnt – Variante	46	Platztausch	120
Eierfall	50	Roboter-Steuerung	124
Fair Play	55	Schritt für Schritt	130
Gefühle-Memo	60	Soziales Kofferpacken	138
Gummibären und Zitronenlimo	68	Spielestationen erfinden	139
Gymnastik im Dunkeln	70	Stiftetango	143
Hurra!	78	Stille Post am Rücken	144
Klatschen und Ducken	87	Über diese Treppe musst du gehen	155
Kooperativer Sesseltanz	99	Verfälschte Wahrheit	162
Kreishocke	100	Von Schoß zu Schoß	167
Küsschenkreis	101	Wer bin ich?	175
Lachen ist gesund!	102	Wortsalat	187
Luftballonwanderung	105	Zwiebelspiel	196
Meine Traumschule	108		

Spiele und Übungen aus dem Bereich Konflikte

- Konstruktives Verhalten bei Konflikten
- Umgang mit Schwierigkeiten
- Konfliktbearbeitung

Spiele und Übungen aus dem Bereich Kennenlernen

- Miteinander bekannt werden
- Anfangen
- Vertraut werden

TABELLARISCHE ÜBERSICHT DER ÜBUNGEN

Spiele und Übungen aus dem Bereich Kooperation

- Gemeinschaft, Team und Miteinander
- Akzeptanz und Toleranz
- Verantwortung

Spiele und Übungen aus dem Bereich Kommunikation

- Kommunikative Kompetenzen
- Gesprächsregeln
- Argumentieren, diskutieren, zuhören
- Feedback geben

NAME	S.	NAME	S.
Auf dünnem Eis	20	Konfliktstandbilder	95
Außenseiter eingliedern	22	Konfliktsymbole und -zeichen	96
Bauer, Ziege, Kohlkopf und Wolf	24	Konfliktwolke	97
Baumeister und Imitator	25	Meine Insel – meine Grenze	106
Beruhige dich	26	Meine Traumschule	108
Besuch der Wunschfee	27	Mein Hobby – (non-)verbal	110
Bleib wachsam	29	Mein Körper, meine Gefühle	111
Der erste Stein	32	Recht haben	121
Die freundliche große Pause	40	Reif für die Insel?	122
Drei Gewinnt – Variante	46	Roboter-Steuerung	124
Eierfall	50	Sagenumwobener Teppich	127
Ein Freund, ein guter Freund	52	Sinnes-Quiz	135
Emotionen ... Maske u. Bewegung	54	Spielestationen erfinden	139
Fair Play	55	Statuen raten	141
Feedback geben	57	Steine aus dem Weg räumen	142
Gummibären und Zitronenlimo	68	Unsere Glücksbahn	159
Hallo, Echo!	71	Unsere Wutbahn	161
Hör mir zu!	77	Vorstellung mit einer Lüge	168
Ist da jemand?	80	Wanted! – Das bin ich	169
Klassenregeln erarbeiten	84	Was soll Leon tun?	171
Klassenvertrag	86	Wer suchet, der findet	179
Konfliktbarometer	88	Wir machen alle Fehler	184
Konflikte lösen durch Theater	90	Wunschballon	188
Konflikte – Spinnwebanalyse	92	Wut-Abc und Tut-gut-Abc	189
Konflikte – Tour zum Frieden	94	Wuttricks	190

Spiele und Übungen aus dem Bereich Wahrnehmung

- Vertrauen und Sensibilisierung
- Emotionen und Gefühle
- Sinnes- und Energieübungen
- Entspannung und Aggressionsabbau
- Fremd- und Selbstwahrnehmung
- Körper- und Selbsterfahrung
- Selbstreflexion

Nachdem der überwiegende Teil der Übungen, Spiele und Methoden in diese Kategorie passt, wurde auf eine separate Auflistung verzichtet.

LITERATUR UND MEDIENTIPPS

Drew, N. & Hölscher, S.
Mobbing-Prävention in der Grundschule.
Verlag an der Ruhr 2012
ISBN 978-3-8346-0937-3

Gilsdorf, R. & Kistner, G.:
Kooperative Abenteuerspiele 1.
Kallmeyer 2015
ISBN 978-3-7800-5801-0

Götzinger, M. & Kirsch, D.
Grundschulkinder werden Streitschlichter: Ein Ausbildungsprogramm mit vielen Kopiervorlagen.
Verlag an der Ruhr 2004
ISBN 978-3-8607-2854-3

Krenner, A.:
Die große Spielesammlung für Schule und Jugendarbeit. 300 Ideen für große und kleine Gruppen.
Verlag an der Ruhr 2014
ISBN 978-3-8346-2634-9

Nolting, H.-P.:
Störungen in der Schulklasse. Ein Leitfaden zur Vorbeugung und Konfliktlösung.
Beltz 2017
ISBN 978-3-4078-6469-7

Thömmes, A.:
30 x 45 Minuten – Soziales Lernen.
Verlag an der Ruhr 2018
ISBN 978-3-8346-3733-8

Vopel, K.:
Kreative Konfliktlösung. Spiele für Lern- und Arbeitsgruppen.
Iskopress 2011
ISBN 978-3-8940-3098-8